Cosas que m...

CW01572741

1 Cross out the numbers i... ...ords needed to complete Exercise 2 below.

insectosdospelículasochoparquetressábadosseisviolenciaunopescanuevekáratecocinesietetiempocuatroequipodocenaturalezaoncedeportes

2 Complete the forum entries with the words from the wordsnake in Exercise 1.

Me flipa el **1** .... Voy al cine casi todos los **2** ....
y veo películas en mi ordenador. En el futuro quiero ser director de cine. Me
molan las **3** .... de ciencia ficción. Me encanta *Gravity* de
Alfonso Cuarón. Pero no me gustan nada las películas violentas. No entiendo
la **4** .... **Sofía**

Mi pasión es la **5** .... Quiero estudiar zoología en la universidad.
Me chiflan los animales, así que voy al campo todo el **6** .... donde
hago observaciones de **7** .... Cuando hace buen tiempo,
hago camping con mi padre y vamos de paseo por el río. No me gusta nada la
8 .... porque es cruel. **Manuel**

Me molan las artes marciales. Hago **9** .... muy a menudo
porque soy miembro de un **10** .... Voy al club de kárate
casi todos los días, pero los domingos mis amigos y yo vamos al
11 .... a jugar al fútbol. Me gustan mucho los
12 .... **Daniel**

3 Read the texts and correct the mistakes in the English sentences.

1 Sofía goes to the cinema all the time. ....

2 She watches films on the television. ....

3 She hates science fiction films. ....

4 Manuel goes to the countryside every week. ....

5 He goes camping when it's hot. ....

6 Manuel loves fishing. ....

7 Daniel is a member of a football team. ....

8 He goes to the club on Sundays. ....

9 He really likes the park. ....

¡2! Mi semana (pages 10-11)

1a Complete the sentences about what Sebastián and his friends do by putting the correct part of the verb in brackets into the present tense.

1 Una vez a la semana mi hermano y yo **a (preparar)** .... la cena para la familia. Él y yo **b (cocinar)** .... muy bien juntos.

2 Después del insti yo **a (leer)** .... libros de historietas. También **b (escribir)** .... historietas. Me gusta escribir.

3 Los domingos por la tarde, cuando hace buen tiempo, tú **(montar)** .... en bici. Te gusta estar al aire libre y lo pasas genial.

4 Yo **a (coleccionar)** .... gorras de béisbol. A menudo, los sábados por la mañana voy a mercadillos y **b (comprar)** .... gorras nuevas.

5 Miguel y yo **a (navegar)** .... por Internet todos los días. **b (buscar)** .... información en el ordenador.

> **libro de historietas** comic book

> Think carefully about which part of the verb to use. Check the endings for verbs in the present tense in the Gramática box.

> **Gramática**
>
> In the present tense the verb endings are:
>
> **–ar verbs:** –o, –as, –a, –amos, –áis, –an
> **–er and –ir verbs:** –o, –es, –e, –emos, –éis, –en

b Now match the sentences in Exercise 1a with the pictures below.

a   b   c   d   e

☐   ☐   ☐   ☐   ☐

2 Read the text in Exercise 1a again and write a sentence in English for each of the time expressions.

1 Once a week ....

2 After school ....

3 On Sunday afternoons (when the weather is good) Sebastián's friend rides his bike. (He likes to be in the fresh air and he has a great time.)

4 On Saturday mornings ....

5 Every day ....

3 On a separate piece of paper, write about how you organise your week. Use Exercise 1 to help you.

¡3! Cartelera de cine (pages 12-13)

1 Put the conversation between Hugo and Belén about going to see a film in the correct order. Use the symbols to help you.

Hola, Hugo. Voy al centro comercial. ....

Bueno. Vamos a comer palomitas y a pasarlo bien. ....

¡Qué rollo! No, gracias. ....

Depende. ¿Qué tipo de película vas a ver? ....

A las ocho, porque antes voy a hacer los deberes. ....

¿Vamos a las cino o a las ocho? ....

Pues, ¿prefieres ver una comedia? ....

Hola, Belén. ¿Adónde vas? ....

Voy a ir al cine mañana. ¿Vas a venir? ....1......

Voy a ver una película de acción o quizás de superhéroes. ....

Va a ser guay. ....

Claro que sí. Me molan las comedias. ....

2 Read the conversation in Exercise 1 again and answer the questions in English.

1 Where is Belén going? ....

2 When is Hugo going to the cinema? ....

3 What type of film is he going to see? ....

4 What type of film does Belén prefer to see? ....

5 What is Belén going to do tomorrow morning? ....

6 What are they going to eat tomorrow? ....

3 Write your own conversation about going to see a film. Adapt the conversation in Exercise 1 and use the table below to help you.

Voy a Vas a Vamos a	ver	una película de acción/animación/ciencia ficción/superhéroes/terror/aventuras/ fantasía. una comedia.
	comer	palomitas.
	ir	al cine.
	pasarlo	bien/mal.
Va a	ser	guay/terrible.
Quizás./De acuerdo./Claro que sí./No, gracias./¡Ni en sueños!/¡Qué rollo!		

¡4! Un cumpleaños muy especial (pages 14–15)

1 Translate the verbs below into Spanish using the words in the box.

> nos divertimos   fue   me desperté   recibí   celebré   fuimos
> comimos   llevé   cantaron   bailamos   invité

1 we danced ....

2 I got/received ....

3 I celebrated ....

4 it was ....

5 I woke up ....

6 they sang ....

7 I invited ....

8 I wore ....

9 we ate ....

10 we had fun ....

11 we went ....

2 Complete the text with the verbs in Exercise 1.

El dos de junio **1** celebré .... mi cumpleaños con mis amigos y
mi familia. **2** .... mi fiesta de quinceañera porque
en México los 15 años es una edad importante. Por la mañana
3 .... temprano porque unos músicos tradicionales
4 .... en el patio de mi casa. **5** ....
de mis padres una cámara y un vestido de marca y otros regalos
de la familia. Más tarde **6** .... todos a un
restaurante y **7** .... pollo con mole y otros
platos deliciosos. Luego **8** .... a mis amigos a
una fiesta en mi casa. **9** .... mi vestido nuevo.
Me chifla la moda. **10** .... hasta la madrugada y
11 .... mucho.

| quinceañera | 15th birthday |
| mole | Mexican sauce |

3 Translate the text below into Spanish. Use the verbs in the box
to help you.

> fui
> invité
> me divertí
> celebré
> comimos
> bailé
> recibí

On 15 November I celebrated my birthday. I went to a restaurant
with my family and we ate delicious food. Later I invited my friends
to a party. I got lots of presents. I danced a lot and had a good time.

....

....

....

¡5! Los famosos (pages 16–17)

1 Read the article. For each picture below, find the phrase from the text that matches it and write it out.

El número siete es especial para el director de cine Alfonso Cuarón. Ganó siete Óscar por su película *Gravedad* (*Gravity*). Fue su séptima película y tardó siete años en completarla. Ganó el Óscar por mejor director, pero también escribió y editó la película.

Gravedad es una película de ciencia ficción con una fotografía y unos efectos especiales espectaculares. Los actores principales son Sandra Bullock y George Clooney. Otras películas de Cuarón incluyen *Harry Potter y el prisionero de Azkaban* y *La princesita*.

Cuarón nació en Ciudad de México. Estudió filosofía y cinematografía en la universidad. Comenzó a filmar a los 12 años cuando recibió una cámara de su padre. De joven sus ambiciones fueron ser director de cine ¡y también astronauta!

Vivió en EE. UU. unos años, pero ahora vive en Londres. ¿En qué va a trabajar en el futuro? Va a dirigir una serie de televisión americana. Va a ser de fantasía, aventura y ciencia ficción.

1 Ganó siete Óscar. ....

2 ....

3 (Mexico City) ....

4 ....

5 (London) ....

6 ....

2 Look at the sentences you have written. Note whether each verb is in the past, present or near future.

1 .... 4 ....

2 .... 5 ....

3 .... 6 ....

3 Read the text in Exercise 1 again and answer the questions in Spanish.

1 ¿Cuántos años tardó Cuarón en completar *Gravedad*? ....

2 Cuarón no sólo dirigió y editó *Gravedad*. ¿Qué más hizo? ....

3 ¿De dónde es Cuarón? ....

4 ¿Qué regalo le dio su padre? ....

5 ¿Cuáles fueron sus ambiciones? ....

6 ¿Qué tipo de serie de televisión va a dirigir? ....

1 **Read the first paragraph of the text about the film *Divergent*.**
Then find the Spanish for the following phrases.

1 terrible wars ....

2 tense harmony ....

3 is divided ....

4 must choose ....

5 if he/she changes ....

6 if they don't pass ....

> To help you when you read in Spanish, look for words that are cognates (similar to English words).

Divergente, una película de acción para jóvenes

Después de unas guerras terribles, en la ciudad de Chicago la población vive en tensa armonía. La sociedad está dividida en cinco facciones. A los dieciséis años, cada persona debe elegir entre la facción de sus padres o cambiarse a otra. Si se cambia, no puede volver a ver a su familia. Después de la Ceremonia de Elección, todos los chicos deben pasar por un proceso de iniciación: si no aprueban, se quedan sin facción y se convierten en divergentes.

Las cinco facciones corresponden a un aspecto diferente del ser humano: Verdad es la facción de las personas sinceras; Erudición, para las personas más inteligentes; Cordialidad es para la gente siempre alegre y pacífica; Abnegación, para las personas dedicadas a servir a la humanidad y Osadía para los individuos más valientes.

La protagonista es Beatrice/Tris y su familia es de Abnegación. Beatrice no sabe si puede dedicar su vida al servicio de la humanidad. En las pruebas de iniciación Beatrice va a tener que ganar su posición en la facción. También va a conocer a una persona muy especial.

Divergente es una película de pura acción. La actuación de Shailene Woodley como Tris es muy buena. Es difícil elegir entre *Los juegos del hambre* y *Divergente* como la mejor película para el público juvenil.

---

2 **Read the second paragraph of the text in Exercise 1. Draw a line to match the words for the factions in the film to the English equivalents.**

Osadía   Abnegation, the selfless
Abnegación ————   Dauntless, the brave
Verdad   Erudite, the intelligent
Cordialidad   Amity, the peaceful
Erudición   Candour, the honest

3 **Read the last two paragraphs of the text in Exercise 1 and, on a separate piece of paper, correct the mistakes in the following sentences.**

1 The main character is Beatrice/Tris and her family belongs to the Dauntless faction.

2 Beatrice is sure that she can dedicate her life to helping other people.

3 In the initiation trials she will have to win a medal.

4 She is also going to meet a member of her family.

5 Shailene Woodley's acting is terrible.

6 It's difficult to choose between *The Hunger Games* and *Divergent* as the best film for an adult audience.

1 Read what these youngsters say about their weekends. Spend three minutes and, on a separate piece of paper, note down one fact for each person.

> Try to get the gist of each section, even if you don't understand the detail. The activities on this page and page 10 will help you understand the rest.

> Todos los sábados voy al polideportivo y asisto a una clase de zumba. Me mola bailar. En mi opinión, bailar es una buena manera de estar en forma. Voy con mi mejor amiga. A veces los sábados voy a fiestas de cumpleaños. Siempre hay música y bailo toda la tarde. ¡Lo paso guay! **Gabriela**
>
> Los sábados por la mañana, primero hago las tareas domésticas para ayudar un poco en casa. De vez en cuando cocino y a menudo voy al supermercado con mi abuela. Por las tardes mi padre y yo vamos a un partido de fútbol. Si no hay partido, vemos programas deportivos en la tele. **Jacobo**
>
> Esta mañana fui a mi clase de guitarra. Toco bastante bien y me chifla. También toco la batería en un grupo. Mis compañeros y yo practicamos todos los sábados por la tarde durante dos horas. Esta noche vamos a participar en un concurso de música en vivo. Estoy nerviosa, pero va a ser divertido. **Mariana**
>
> Mañana por la mañana voy a hacer los deberes, pero después voy a ir a casa de mi amigo y vamos a jugar videojuegos. La semana pasada fue mi cumpleaños y recibí un juego nuevo de mis padres. Soy adicto a los videojuegos. También vamos a ver un DVD de aventuras. ¡Lo vamos a pasar genial! **Lucas**
>
> El sábado pasado por la tarde celebré mi cumpleaños. Invité a mis amigos a una bolera. Jugamos muchos partidos divertidos. Más tarde jugamos al billar, al ping-pong y al futbolín. Cenamos en la cafetería. Comí una hamburguesa y tomé un refresco. Me encantó la experiencia. **Matilde**

2 Match the topics below to the people in Exercise 1.

1 football __Jacobo__
2 bowling ....
3 competition ....
4 homework ....
5 dancing ....

6 computer games ....
7 drum kit ....
8 cooking ....
9 sports centre ....
10 hamburger ....

3 Read the texts in Exercise 1 again. Write true (T) or false (F) next to each sentence. On a separate piece of paper, correct the sentences that are false.

1 Gabriella goes to zumba clases every Saturday at the youth club. ....
2 Jacobo often cooks and sometimes goes shopping. ....
3 Mariana has band practice every Saturday afternoon. ....
4 She is going to take part in a live music TV programme. ....
5 Lucas is going to do his homework this morning. ....
6 Matilde celebrated her birthday at a bowling alley. ....
7 She and her friends also played billiards and table football. ....

1 Read the texts on page 9 again and use different colours to highlight five verbs in each of the following tenses: present, preterite, near future.

2 Read the texts again and complete the English sentences below.

1 Gabriella thinks that a good way to keep fit is ....

2 When she goes to birthday parties, she dances ....

3 Jacobo helps at home by doing ....

4 He goes to the supermarket with ....

5 The instruments Mariana plays are ....

6 Lucas is addicted to ....

7 He is going to watch ....

8 Matilde went bowling because it was ....

3 Write about some of your own weekend activities. Say what you usually do, what you did last weekend and what you will do next weekend. Use the phrases from the texts on page 9 to help you.

....

....

....

....

....

....

....

....

....

SKILLS

- Remember to use the present, preterite and near future if you want to get a high mark.
- Look for examples of different tenses in the text and adapt the phrases.
- Use time markers to help you decide what tense to use:

  todos los sábados (present) **voy, hago…**
  el fin de semana pasado (preterite) **fui, hice…**
  mañana por la tarde (near future) **voy a ir, voy a hacer…**

¡Viva! 3 © Pearson Education Limited 2014

¡GRAMÁTICA! (pages 24–25)

1 Complete the verb table with the correct form of the verb from the box.

> fuimos   es   fue   haces   vas   hacen   fueron   van   hiciste
> vamos   hizo   soy   hacemos   son   fuisteis   hicisteis   fuiste   fui

ir		hacer		ser	
Present	*Preterite*	*Present*	*Preterite*	*Present*	*Preterite*
voy	4	hago	hice	13	fui
1	fuiste	7	10	eres	16
va	5	hace	11	14	fue
2	fuimos	8	hicimos	somos	17
vais	fuisteis	hacéis	12	sois	18
3	6	9	hicieron	15	fueron

2 Draw lines to match the two halves of the sentences.

1 Normalmente mis amigos y yo   **a** es Emma Watson.

2 Ayer Eva y Santiago   **b** hicisteis windsurf.

3 Mi hermano pequeño siempre   **c** vamos al cine los sábados.

4 El verano pasado Joaquín y tú   **d** jugaron al tenis.

5 ¿Quieres   **e** prefiere las películas de animación.

6 El domingo pasado yo   **f** escribí una canción nueva.

7 Mi actriz favorita   **g** celebró su cumpleaños.

8 El jueves pasado mi mejor amiga   **h** ver una comedia?

3 Circle the correct verb option in the sentences below.

1 Mañana Javier **va/fue/va a ir** a la piscina.

2 Los viernes mi familia y yo siempre **comemos/comimos/vamos a comer** pizza y helado.

3 Casi todos los días **hago/hice/voy a hacer** judo.

4 Cuando hace mal tiempo, **veo/vi/voy a ver** la tele.

5 El domingo pasado **cocino/cociné/voy a cocinar** para ayudar en casa.

6 Esta tarde Irene y tú **venís/vinisteis/vais a venir** al cine.

7 La fiesta este fin de semana **es/fue/va a ser** guay.

8 La semana pasada mis tíos **viajan/viajaron/van a viajar** a Ibiza.

¡PROGRESO!

1 Record your levels for Module 1.

2 Look at the level descriptors on pages 62–63 and set your targets for Module 2.

3 Fill in what you need to do to achieve these targets.

Listening	I have reached Level _____ in **Listening**. In Module 2, I want to reach Level _____. I need to _____ _____ _____ _____
Speaking	I have reached Level _____ in **Speaking**. In Module 2, I want to reach Level _____. I need to _____ _____ _____ _____
Reading	I have reached Level _____ in **Reading**. In Module 2, I want to reach Level _____. I need to _____ _____ _____ _____
Writing	I have reached Level _____ in **Writing**. In Module 2, I want to reach Level _____. I need to _____ _____ _____ _____

Opiniones   Opinions

¿Qué cosas te gustan?	What things do you like?
¿Qué cosas te encantan / te chiflan / te flipan / te molan?	What things do you love?
Me gusta(n)...	I like...
Me encanta(n) / Me chifla(n) / Me flipa(n) / Me mola(n)...	I love...
No me gusta(n) (nada)...	I don't like... (at all).
el baile / el cine	dance / cinema
el deporte / el dibujo	sport / drawing
el racismo / el teatro	racism / theatre
la moda / la música	fashion / music
la naturaleza / la pesca	nature / fishing
la violencia	violence
los cómics	comics
los insectos	insects
los lunes	Mondays
las artes marciales	martial arts
las injusticias	injustice
las tareas domésticas	household chores

En mi tiempo libre   In my free time

Hago judo / natación.	I do judo / go swimming.
Voy al parque / polideportivo.	I go to the park / sports centre.
Voy de pesca.	I go fishing.
Soy miembro de un club / un equipo.	I am a member of a club / a team.

Expresiones de frecuencia   Expressions of frequency

a veces	sometimes
dos veces a la semana	twice a week
muy a menudo	very often
casi todos los días	almost every day
todo el tiempo	all the time
siempre	always

¿Cómo organizas tu semana?   How do you organise your week?

Bailo Zumba®.	I dance Zumba.
Cocino para mi familia.	I cook for my family.
Escribo canciones.	I write songs.
Juego en mi consola.	I play on my games console.
Leo revistas / libros.	I read magazines / books.
Monto en bici.	I ride a bike.
Navego por Internet.	I surf the internet.
Preparo la cena.	I prepare dinner.
Saco fotos.	I take photos.
Toco el teclado.	I play the keyboard.
Veo un partido de fútbol.	I watch a football match.

¿Cuándo?   When?

después del insti	after school
este fin de semana	this weekend
los fines de semana	at weekends
los lunes / martes	on Mondays / Tuesdays
los jueves por la tarde	on Thursday afternoons
mañana por la tarde	tomorrow afternoon

Cartelera de cine   What's on at the cinema

Voy a ver...	I am going to see...
una comedia	a comedy
una película de acción	an action film
una película de animación	an animated film
una película de aventuras	an adventure film
una película de ciencia ficción	a science-fiction film
una película de fantasía	a fantasy film
una película de superhéroes	a superhero film
una película de terror	a horror film
¿Vas a venir?	Are you going to come?
¿Vamos a ver?	Are we going to see...?

Reacciones Reactions

Claro que sí.	Of course.	¿Estás loco/a?	Are you crazy?
De acuerdo.	All right.	¡Ni en sueños!	Not a chance!
(No) voy a ir.	I am (not) going to go.	¡Qué rollo!	How boring!
No, gracias.	No thanks.		

¿Qué tipo de películas te gustan? What type of films do you like?

Me encantan las comedias.	I love comedies.	¿Qué tipo de película es?	What type of film is it?
No me gustan las películas de terror.	I don't like horror films.	Es una comedia.	It is a comedy.
		En mi opinión…	In my opinion…
Mi película favorita es…	My favourite film is…	Creo / Pienso que…	I think (that)…

¿Cómo fue tu cumpleaños? How was your birthday?

Celebré mi cumpleaños con mi familia / mis amigos.	I celebrated my birthday with my family / friends.	Invité a mis amigos a pasar la noche en mi casa.	I invited my friends to sleep over at my house.
		Bebí / Bebimos refrescos.	I / We drank soft drinks.
¿Qué hiciste?	What did you do?	Comí / Comimos tarta de cumpleaños.	I / We ate birthday cake.
Fui / Fuimos al parque de atracciones.	I / We went to the theme park.	Recibí muchos regalos.	I received lots of presents.
		Fue alucinante / increíble.	It was amazing / incredible.

Palabras muy frecuentes High-frequency words

así que	so, therefore	más tarde	later
casi	nearly, almost	o	or
primero	first	por supuesto	of course
luego	then	quizás	maybe
después	afterwards	también	also

Hotel Catástrofe (pages 32–33)

1 A new hotel is looking for staff. Write the words for the jobs in the spaces to complete the advert.

> cocinero camarero camarera dependienta dependiente esteticista
> jardinero limpiadora peluquera peluquero recepcionista

Hotel nuevo busca empleados

Se necesita:

1 .... para ayudar a los clientes y contestar el teléfono.

2 .... para preparar desayunos, comidas y cenas.

3 .... para hacer las camas y para limpiar las habitaciones.

4 .... para cuidar las plantas.

5 .... para hacer manicuras y masajes.

6 .... o .... para trabajar en la tienda.

7 .... o .... para cortar el pelo a los clientes.

8 .... o .... para trabajar en el restaurante.

2 Read the emails. Are José and Laura happy? Why? Answer the question in English.

....

Hola Laura:
Tengo un trabajo en un hotel cerca de Málaga. Cuido las plantas en el jardín y también limpio la piscina. Como sabes, me encanta la naturaleza, así que es un trabajo ideal para mí. Mi jefe es bastante exigente y a veces tengo que trabajar los fines de semana, pero mis compañeros son muy simpáticos.
¿Y tú, cómo estás? ¿Ya tienes trabajo?
Un abrazo, José

Hola José:
Sí, también tengo trabajo, ¡por fin! Trabajo en un camping. Por la mañana tengo que servir el desayuno en la cafetería y por la tarde trabajo en la tienda. A veces, como hablo inglés, ayudo a la recepcionista. Contesto el teléfono y ayudo a los clientes. Me encanta porque no es un trabajo monótono y mis compañeros son estupendos.
Besos, Laura

3 Read the texts again and then write J (José) or L (Laura) after each question.

Who...?

1 works outside ....

2 deals directly with customers ....

3 likes nature ....

4 doesn't have all weekends free ....

5 has a demanding boss ....

6 likes the varied work ....

7 speaks more than one language ....

¿En qué te gustaría trabajar? (pages 34-35)

1 Complete the speech bubbles with the correct jobs from the box.

> enfermera   abogado   periodista   mecánico   profesora   diseñadora

1

Susana

Creo que soy paciente y responsable. Soy trabajadora y me gusta trabajar en equipo. Me gusta ayudar a la gente. Quiero trabajar en un hospital o en una clínica. Mi sueño es ser ....

No me gustaría trabajar en una oficina. Prefiero hacer un trabajo manual. Soy práctico y me encantan los coches y las motos. Por eso, quiero ser ....

2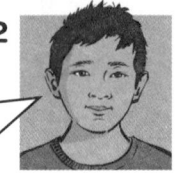

Guillermo

3

Sara

Pienso que soy bastante creativa. Tengo ganas de trabajar en el mundo de la ropa y la moda. Soy trabajadora y ambiciosa. Quiero ser ....

Creo que soy independiente y bastante inteligente. Me interesan mucho la política y las noticias. Me gusta escribir, así que me gustaría ser ....

4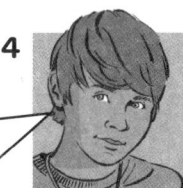

Juan

5

Carla

Creo que tengo mucha paciencia. Además, soy muy organizada y bastante dinámica. Me gustaría trabajar con niños o con jóvenes porque son muy divertidos. Por eso quiero ser ....

Soy serio y trabajador. Me gusta leer y estudiar y también me gusta hablar. En el futuro quiero ser ....

6

Bertrán

2 Write a paragraph in Spanish, answering the following questions, about the job you would like to do in the future.

- ¿Qué tipo de persona eres?
- ¿Te gusta trabajar solo/a o en equipo?
- ¿Dónde te gustaría trabajar? ¿Te gustaría trabajar en una oficina o al aire libre?
- ¿Te gustaría trabajar con niños? ¿Te gustaría trabajar con animales?
- ¿Qué trabajo te gustaría hacer en el futuro?

....
....
....
....

¡3! ¿Cómo va a ser tu futuro? (pages 36-37)

1 Which picture shows each person's dreams for the future. Match the pictures to the texts.

a    b    c    d

1 A mí me encantan la música y el baile. Mi sueño es participar en un concurso en la televisión. Voy a ser cantante y voy a ser famoso. ¡Todo es posible! ....

2 En el futuro voy a ir a la universidad y después voy a ser abogada. No es un trabajo fácil, pero soy seria, ambiciosa y trabajadora. Tener un trabajo interesante es importante para mí. Además, voy a ganar mucho dinero. ....

3 Al terminar mis estudios en el instituto y antes de ir a la universidad, me gustaría trabajar como voluntario. No voy a ganar dinero, pero va a ser una experiencia interesante. Prefiero trabajar con niños, pero me da igual si trabjo con adultos. ....

4 Me encanta viajar y en el futuro me gustaría vivir en el extranjero. Por eso voy a estudiar idiomas en la universidad. Voy a estudiar inglés, francés y alemán. Me gustaría trabajar en Estados Unidos o en Canadá en el futuro. ....

2 Find six sentences in the texts in Exercise 1 that use the near future to talk about future plans. Write them here. Then translate them into English.

> **Gramática**
>
> The near future is **ir + a + infinitive**:
> **Voy a estudiar ciencias.**
> I'm going to study science.

1 Voy a ser contante y
   I'm going to be a singer and

2 ....
   ....

3 ....
   ....

4 ....
   ....

5 ....
   ....

6 ....
   ....

¡4! ¿Cómo es un día típico? (pages 38-39)

1 Read the interview responses below. Then match them to the questions.

> **a** Me encantan los animales, y sobre todo los caballos, por eso decidí ser veterinaria. Estudié seis años en la universidad y ahora trabajo de veterinaria equina. Es decir, soy veterinaria y mi especialidad son los caballos.
>
> **b** Es un trabajo fantástico, pero es muy duro. A veces trabajo siete días a la semana y salgo muy poco con mis amigos. Tengo que conducir muchos kilómetros para visitar caballos en distintas partes de la provincia. Cada día es diferente. Esto para mí es una ventaja. Además, normalmente trabajo al aire libre y no tengo jefe.
>
> **c** Creo que para trabajar con animales, tienes que ser paciente y trabajador. Es importante ser cuidadoso y tienes que ser bastante sociable y saber relacionarte con los clientes.
>
> **d** Hablo inglés bastante bien y a veces tengo que hablar otros idiomas porque trabajo en competiciones internacionales de caballos. El año pasado, por ejemplo, fui a Francia a trabajar y el año que viene voy a ir a Alemania.
>
> **e** En el futuro me gustaría trabajar menos horas y tener tiempo para montar a caballo.

1 ¿Cómo es tu trabajo? ¿Cómo es un día típico? ....

2 ¿Cuáles son tus ambiciones para el futuro? ....

3 ¿Por qué decidiste ser veterinaria? ....

4 ¿Qué cualidades necesitas para tu trabajo? ....

5 ¿Tienes que hablar idiomas en tu trabajo? ....

2 On a separate piece of paper, answer the following questions in English about the interview in Exercise 1.

1 What job does this person do?

2 What are three advantages and three disadvantages of this job?

3 What kind of person do you need to be to do this job?

4 When are languages useful in this job?

5 What are this person's long-term aims?

3 Find the Spanish sentences in the text in Exercise 1 that mean:

1 For this reason I decided to be a vet. ....

2 I studied for six years at university. ....

3 I sometimes work seven days a week. ....

4 I don't go out much. ....

5 I went to work in France last year. ....

6 I'm going to go to Germany next year. ....

7 I'd like to work fewer hours in the future. ....

1 Find the Spanish phrases and sentences in the text below that mean:

1 My favourite subjects at school are... ....

2 I'm going to study archaeology at university. ....

3 I'd like to be an archaeologist. ....

4 You have to be patient and hardworking. ....

5 It's also important to be... ....

6 Last year, I saw... ....

Mis asignaturas preferidas en el instituto son la historia y el arte, por eso voy a estudiar arqueología en la universidad y después me gustaría ser arqueólogo. Creo que para ser arqueólogo, tienes que ser paciente y trabajador. También es importante ser bastante creativo porque los arqueólogos, si trabajan en un museo por ejemplo, tienen que organizar exposiciones interesantes para el público. El año pasado vi una exposición fantástica en el museo Británico sobre los vikingos. Fue fascinante. En el futuro también quiero ir a Inglaterra o a Estados Unidos para mejorar el inglés. Creo que saber hablar otros idiomas es una ventaja en el trabajo y en la vida en general. **Julio**

2 Tick the questions that are answered in the text in Exercise 1.

1 ¿Cuáles son tus ambiciones para el futuro? ☐

2 ¿En qué te gustaría trabajar? ¿Por qué? ☐

3 ¿Qué cualidades tienes que tener en este trabajo? ☐

4 ¿Te gustaría viajar? ☐

5 ¿Los idiomas son importantes en el trabajo? ☐

6 ¿Vas a ganar mucho dinero? ☐

When you're writing or translating, try not to think in English and translate word for word. Find examples of how ideas are expressed in Spanish and adapt them to what you want to say. Learning phrases and complete sentences will help you to get the word order and small details right.

3 Write answers in Spanish to the questions in Exercise 2 that are true for you.

....

....

....

¡ZONA LECTURA! El día del trabajo (pages 42–43)

When you look at a reading text, ask yourself: 'What kind of text is this? Where would you find it? What clues does the title give?' Then look at the context of words you don't know and use your knowledge to work out their meaning.

1 Read the text and circle the correct English meaning for each expression.

Los jóvenes y el trabajo

En España más del 50% de los jóvenes entre 16 y 25 años **están en paro**. Es el porcentaje más alto de toda la Unión Europea. Muchos jóvenes trabajaron en el turismo y en la construcción. **Desafortunadamente**, estos sectores de la economía están en crisis y por eso hay menos empleo ahora que hace 10 años.

Ahora miles de jóvenes españoles **van al extranjero** a buscar empleo. Muchos de estos emigrantes estudiaron en la universidad, pero al terminar no encontraron trabajo. Por eso hay dependientes y camareros españoles **sobrecualificados** en las ciudades de Europa.

Daniela Ramos es peluquera. Fue a Londres en el 2010. Dice: '**Al principio** trabajé de limpiadora en una peluquería. A veces lavé el pelo a los clientes y empecé a cortar el pelo también. Vivir en Londres es guay. El año que viene voy a ir a Australia o a Nueva Zelanda. **Ya veremos**.'

Manuel Navarro fue a Alemania el año pasado. Comentó: 'Quiero ser periodista, pero no encontré trabajo en España. Fui a Berlín y encontré un puesto en una tienda. Trabajar de dependiente no es estimulante, pero **por lo menos es algo**. En el futuro me gustaría volver a España para ser periodista.'

1	están en paro	they are on strike/they are unemployed
2	desafortunadamente	unfortunately/fortunately
3	van al extranjero	they go on holiday/they go abroad
4	sobrecualificados	untrained/over-qualified
5	al principio	first/later
6	ya veremos	we'll go soon/we'll see what happens
7	por lo menos es algo	it's not very good/at least it's something

2 Circle the correct English translation for the verb in each Spanish phrase or sentence.

1	hay menos empleo ahora que hace 10 años	**there is/there was** less employment than 10 years ago
2	estudiaron en la universidad	they **study/studied** at university
3	no encontraron trabajo	they **found/didn't find** work
4	fue a Londres	**I went/she went** to London
5	voy a ir a Australia	**I go/I'm going to go** to Australia
6	fui a Berlín	**he went/I went** to Berlin
7	me gustaría volver a España	**I would like to/I'm going to** return to Spain.

3 On a separate piece of paper, write a summary in English of the main points of paragraphs 1 and 2 of the article in Exercise 1.

More than 50% of young people in Spain, aged 16-25, are unemployed...

¡Viva! 3 © Pearson Education Limited 2014

1 **Solve the crossword by completing the sentences below with Spanish words.**

> All the words in the crossword are from Module 2. Look at the vocabulary list if you need a little help.

Horizontales

1 Mi amigo José es muy .... Saca 100% en los exámenes.

3 Soy esteticista. Tengo que dar masajes a los ....

7 Trabajo en un hotel. Tengo que contestar el teléfono y ayudar a los clientes. Soy ....

11 Creo que es más importante tener un trabajo interesante que ganar mucho ....

12 No me gustaría ser .... porque no soy muy paciente cuando hay mucho tráfico.

13 Voy a ser cantante, actor o futbolista. Voy a ser ....

14 Me gusta trabajar al aire libre y me encantan las plantas. Voy a ser ....

15 Me gusta visitar otros países. Me gusta ....

16 Mi hermano es buen .... Sus paellas son riquísimas.

Verticales

2 Mi jefe es muy .... A veces tengo que trabajar hasta las 10 de la noche.

4 Mi hermano sólo tiene dos años, pero siempre dice 'por favor' y 'gracias'. Es muy ....

5 Mi amiga Alicia es muy .... Habla con todo el mundo y es muy simpática.

6 Soy ambicioso y serio. Mi ambición es ser el .... de una empresa .

8 Mi madre trabaja en un hospital. Es ....

9 Voy a ser famoso y voy a ganar mucho dinero. Soy muy ....

10 Me gustaría ser diseñadora porque soy una persona bastante ....

1 **Complete the conversation with the correct phrases from the box.**

> bailar y cantar   ganar mucho dinero   no es importante   no voy a ir
> Te gustaría   Va a ser   Voy a ser   voy a tener

Alba: Javier, ¿qué vas a hacer en el futuro?

Javier: No me gusta mucho estudiar, así que **1** .... a la universidad.

Alba: Te gustan los coches. ¿**2** .... ser mecánico?

Javier: Bueno, sí. En el verano voy a hacer prácticas en un garaje. **3** .... interesante. ¿Y tú? ¿Cuáles son tus ambiciones para el futuro?

Alba: A mí me encanta el teatro. Me gusta **4** ....

Javier: ¿Vas a ser famosa?

Alba: No. La fama **5** .... para mí. Me gustaría ser profesora de baile.

Javier: Pues, muy bien. Pero no vas a ganar mucho dinero.

Alba: No, pero **6** .... un trabajo interesante.

Javier: Me gustaría tener un trabajo interesante, **7** .... y ser famoso.

Alba: ¿Cómo vas a hacer todo esto?

Javier: **8** .... piloto de Fórmula 1.

Alba: ¡Bueno, ya veremos!

2 **Read the conversation in Exercise 1 again and, on a separate piece of paper, answer the questions in English.**

1 Who doesn't want to go to university? Why not?

2 What career choice does Alba suggest for Javier? Why?

3 Who is going to do work experience in the summer? Where?

4 Who wants to be rich and famous?

5 What do you think Alba's final comment implies about Javier's ambitions for the future?

3 **You want to get a summer job in Spain. On a separate piece of paper, write a paragraph in Spanish and include the following information.**

- You are going to study Spanish at university.
- You would like to work in Spain in July and August.
- You like working with children.
- You think you are patient, responsible and hardworking.

¡GRAMÁTICA!

(pages 46–47)

1 **Complete the sentences with the correct part of *tener que*.**

1 No voy a salir este fin de semana porque .... hacer mis deberes.

2 Si vas a ser veterinario, ... estudiar durante seis años.

3 Somos seis policías en nuestro equipo. .... detener a ladrones.

4 Mi hermano corre maratones. Por eso .... correr cada día.

5 Los recepcionistas .... contestar el teléfono y ayudar a los clientes.

2 **Draw lines to match the letters to the job adverts.**

1
Se necesita graduados en enfermería para puestos de trabajo en hospitales de Alemania. Tener buen nivel de alemán es importante. Si está interesado, envíenos su curriculum.

2
Ofrecemos un puesto para hacer prácticas en la oficina de turismo. Se busca persona dinámica y activa con ganas de aprender para ayudar a organizar actividades deportivas.

3
Bar y restaurante necesita inmediatamente persona responsable y con experiencia para preparar y servir comida.

a
Deseo trabajar en cocina o como camarera. Trabajé en un hotel durante cinco años. Tengo buenas referencias.

b
Leí su anuncio esta mañana y creo que soy la persona ideal para el puesto que ofrecen. Estudio turismo y soy muy deportista. En el futuro voy a estudiar administración.

c
Voy a terminar mis estudios universitarios el mes que viene y me gustaría empezar a trabajar en seguida. El año pasado estudié en una escuela de idiomas en Austria y trabajé como voluntaria en un centro para niños enfermos.

3 **Find the phrases in Spanish in the letters a–c in Exercise 3 and write them beside the English translations. Write 'past', 'present' or 'future' for each one.**

1 I want to work... ....

2 I worked... ....

3 I read your advertisement... ....

4 I'm the ideal candidate for the job... ....

5 I'm studying tourism... ....

6 I'm going to study administration... ....

7 I'm going to finish my studies... ....

8 I studied in a language school... ....

9 I worked as a volunteer... ....

¡PROGRESO!

1   Record your levels for Module 2.

2   Look at the level descriptors on pages 62–63 and set your targets for Module 3.

3   Fill in what you need to do to achieve these targets.

Listening	I have reached Level _____ in **Listening**. In Module 3, I want to reach Level _____. I need to _____ _____ _____ _____
Speaking	I have reached Level _____ in **Speaking**. In Module 3, I want to reach Level _____. I need to _____ _____ _____ _____
Reading	I have reached Level _____ in **Reading**. In Module 3, I want to reach Level _____. I need to _____ _____ _____ _____
Writing	I have reached Level _____ in **Writing**. In Module 3, I want to reach Level _____. I need to _____ _____ _____ _____

¡Viva! 3 © Pearson Education Limited 2014

Los trabajos en el hotel   Hotel jobs

Soy...	I am...	jardinero/a	a gardener
camarero/a	a waiter	limpiador(a)	a cleaner
cocinero/a	a cook	peluquero/a	a hairdresser
dependiente/a	a shop assistant	recepcionista	a receptionist
esteticista	a beautician		

¿En qué consiste tu trabajo?   What does your job involve?

Tengo que...	I have to...	limpiar habitaciones	clean rooms
contestar al teléfono y ayudar a los clientes	answer the phone and help customers	preparar comida	prepare food
cortar el pelo a los clientes	cut customers' hair	servir la comida en el restaurante	serve food in the restaurant
cuidar las plantas	look after the plants	vender productos en la tienda	sell products in the shop
hacer manicuras	do manicures		

Opiniones   Opinions

¿Te gusta tu trabajo?	Do you like your job?	¿Cómo es tu jefe?	What is your boss like?
(No) Me gusta (nada) mi trabajo porque es...	I (don't) like my job (at all) because it is...	Mi jefe/a (no) es muy educado/a.	My boss is (not) very polite.
difícil	difficult	¿Cómo son los clientes?	What are the customers like?
duro	hard		
estimulante	stimulating	Los clientes son exigentes/ maleducados.	The customers are demanding / rude.
estresante	stressful	Mis compañeros son simpáticos.	My colleagues are nice.
interesante	interesting		
monótono	monotonous		
repetitivo	repetitive		

¿Cómo eres?   What are you like?

En mi opinión, soy...	In my opinion, I am...	organizado/a	organised
Creo / Pienso que soy...	I think I am...	paciente	patient
Soy muy / bastante...	I am very / quite...	práctico/a	practical
ambicioso/a	ambitious	responsable	responsible
creativo/a	creative	serio/a	serious
independiente	independent	sociable	sociable
inteligente	intelligent		

¿En qué te gustaría trabajar?   What job would you like to do?

Me gustaría ser...	I would like to be...	Me gustaría...	I would like...
Quiero ser...	I want to be...	No me gustaría (nada)...	I wouldn't like... (at all)
abogado/a	a lawyer	trabajar al aire libre	to work in the open air
cantante	a singer	trabajar con animales	to work with animals
diseñador(a)	a designer	trabajar con niños	to work with children
enfermero/a	a nurse	trabajar en equipo	to work in a team
mecánico/a	a mechanic	trabajar en una oficina	to work in an office
periodista	a journalist	trabajar solo/a	to work alone
policía	a police officer	hacer un trabajo creativo	to do a creative job
taxista	a taxi driver	hacer un trabajo manual	to do a manual job

¿Cómo va a ser tu futuro?   What is your future going to be like?

En el futuro...	In the future...	ser voluntario/a	be a volunteer
Voy a...	I am going to...	tener hijos	have children
ganar mucho dinero	earn lots of money	viajar (mucho)	travel (a lot)
hacer un trabajo interesante	do an interesting job	vivir en el extranjero	live abroad
ir a la universidad	go to university	Va a ser (muy) interesante.	It is going to be (very) interesting.
ser famoso/a	be famous		

Describe tu trabajo   Describe your job

¿En qué trabajas?	What do you do for a living?	¿Qué cualidades tienes que tener?	What qualities do you need to have?
¿Por qué decidiste ser...?	Why did you decide to be a...?	Tienes que ser...	You need to be...
Me gusta mucho... y por eso decidí ser...	I really like... and so I decided to be a...	En mi trabajo, los idiomas son muy importantes.	In my job, languages are very important.
Estudié... y me encantó.	I studied... and I loved it.	Hablo español, alemán e inglés.	I speak Spanish, German and English.
¿Cómo es un día de trabajo típico?	What is a typical working day like?	¿Cuáles son tus ambiciones para el futuro?	What are your future ambitions?
Hablo con clientes.	I talk to customers.	Voy a estudiar / trabajar en...	I am going to study / work in...
Leo mi agenda.	I read my diary.	¡Va a ser guay / fenomenal / flipante!	It is going to be cool / fantastic / awesome!
Preparo mis cosas.	I prepare my things.		
Trabajo con mi equipo.	I work with my team.		
Voy a la oficina.	I go to the office.		

Palabras muy frecuentes   High-frequency words

mi/mis	my	a ver / bueno / pues	well
tu/tus	your	por eso	so / therefore
además	what's more	así que	so / therefore
más	more	primero	first
a veces	at times	luego	then
también	also		

1 Unjumble the sentences, then put a ✔ or a ✗ depending on whether you think each eating habit is healthy or not.

> • Remember to use the definite article with the food item when you are expressing a like or dislike, e.g. **Me gusta la carne.**
> • Don't use the article after **comer** and **beber**, e.g. **Como pescado.**

1 carne menudo pescado. como No muy porque a el prefiero

....

2 mola postre Me día. como la cada la y de fruta

....

3 pasteles, Me como cuando. sólo gustan los pero los vez de en

....

4 veces porque deliciosas. galletas Como tres día son al

....

5 nunca bebo gusta Casi agua me porque nada. no

....

Gramática

Direct object pronouns replace nouns and usually come in front of the verb:

lo, la = it   **los, las** = them

Lo como. = I eat it.

2 Use the correct direct object pronoun to answer the questions about yourself. Use and adapt the time expressions from Exercise 1.

1 ¿Con qué frecuencia comes pasta? ....

2 ¿Con qué frecuencia comes carne? ....

3 ¿Con qué frecuencia comes pasteles? ....

4 ¿Con qué frecuencia bebes agua? ....

5 ¿Con qué frecuencia comes verduras? ....

3 Read the blog and complete the sentences in English with the correct time expressions.

> Creo que no llevo una dieta sana. Como mucha comida basura, como pizzas y galletas, casi todos los días. Me encantan los caramelos y los como cinco veces al día. Nunca bebo agua; bebo cola o gaseosa. Casi nunca como fruta y sólo como verduras una vez al mes. Ayer fui a la hamburguesería, donde comí una hamburguesa con queso y patatas fritas. La semana pasada fui a la pastelería y compré una caja de pasteles de crema. Para cenar comí dos perritos calientes y un helado de chocolate de postre. ¡Qué rico! **Diego**

1 Diego eats junk food ....

2 He eats sweets ....

3 He only eats vegetables ....

4 .... he went to the bakery and bought cakes.

¡Preparados, listos, ya! (pages 56–57)

1 Complete the text using the words in the box. Look at the time expressions in the text to decide whether to use a verb in the present or the preterite.

> jugué   fui   hago   nado   soy   encantó   hice   empecé
> prefiero   practico   ~~juego~~

1 Juego al fútbol dos veces a la semana porque **2** ....
miembro del equipo de fútbol del instituto. En el verano
3 .... la natación. **4** .... en la piscina al aire
libre en el polideportivo. Acabo de empezar a hacer atletismo, me
gusta, pero **5** .... el fútbol. A veces en invierno, cuando
hay mucha nieve, **6** .... esquí en las montañas cerca de
mi ciudad. **7** .... a esquiar a los 10 años. El año pasado
8 .... a Escocia e **9** .... esquí y también
10 .... al curling. ¡Me **11** ....! **Tomás**

2 Read the text in Exercise 1 again and complete the following text in English.

Tomás plays football **1** twice a week . He is a member of a **2** .... at
his school. **3** .... he swims in the open air pool at
4 .... He has just started to do **5** .... , but he
prefers **6** .... **7** .... in winter, when there is lots
of snow, he **8** .... in the mountains. He started skiing when he
was **9** .... **10** .... he went skiing in
11 .... where he also played **12** ....

3 On a separate piece of paper, write what activities you do to keep fit using the frequency expressions below to help you.

una vez/dos veces a la semana/de vez en cuando/a veces... los fines de semana... en invierno/verano...	hago/juego al...
el fin de semana pasado... el invierno/verano pasado...	hice/jugué al...

1 Number the pictures in the order in which they appear in the list below.

1 Me lavo los dientes y corro unos diez kilómetros. Después del desayuno me baño y me visto, y voy a la universidad.

2 ¡Como mucho! Desayuno cereales y yogur; como pasta y ceno pescado. Bebo mucha agua.

3 Me acuesto tarde porque voy al gimnasio después de la universidad y entreno cuatro horas. ¡Es duro!

4 El año pasado participé en el campeonato mundial. El día del campeonato me desperté a las seis, pero me levanté a las siete. Después de desayunar fui al centro deportivo con mi equipo. El campeonato fue muy emocionante. Gané una medalla de plata.

5 Me duché y después de celebrar mi victoria me acosté a las tres de la mañana.

6 ¡Voy a levantarme temprano y a acostarme tarde!

a ☐   b ☐   c ☐

d 1   e ☐   f ☐

2 Match the questions below to the sentences in Exercise 1 to make an interview.

a ¿Qué hiciste después del campeonato?   5

b ¿A qué hora te acuestas?   ☐

c ¿Qué comes?   ☐

d ¿Cómo vas a prepararte para el próximo campeonato?   ☐

e ¿A qué hora te levantas normalmente?   ☐

f ¿Qué hiciste antes del campeonato el año pasado?   ☐

3 Using the interview from Exercise 1 as a model, on a separate piece of paper, write an interview using some of the verbs from the box and the two prompts below. Use verbs in the present, preterite and near future.

Rutina diaria:

• Antes del campeonato del año pasado…

• Para el próximo campeonato…

> despertarse levantarse desayunar
> comer cenar entrenar correr ganar
> correr nadar ducharse bañarse lavarse
> ir al trabajo/gimnasio/centro deportivo/estadio
> celebrar vestirse acostarse

¡Muévete! (pages 60–61)

1 Match the two halves of the sentences, then match the sentences to the pictures.

a No se debe beber

b Se debe comer

c No se debe

d Se debe dormir

e No se debe beber muchos

f Se debe beber

g Se debe entrenar

h No se debe comer

i comida basura. ....

ii fumar. ....

iii refrescos. ....

iv alcohol. __7__

v una hora al día. ....

vi más fruta y verduras. ....

vii ocho horas al día. ....

viii agua frecuentemente. ....

1   2   3   4

5   6   7   8

2 Read the texts and choose four pieces of advice from Exercise 1 for each text.

Llevo una vida bastante sana porque duermo ocho horas al día y no bebo alcohol ni fumo. Lo malo es que no hago mucho deporte. El fin de semana pasado nadé un poco en la piscina, pero después comí una hamburguesa con patatas fritas y bebí un litro de cola. A partir de ahora, voy a ponerme en forma. Voy a comer mejor y voy a hacer más deporte. **Juliana**

....

....

No llevo una vida sana en absoluto. Como mal y no hago suficiente deporte. Como muchos caramelos y nunca como verduras. De vez en cuando juego al fútbol con mis amigos, pero prefiero ver la televisión. Ayer salí con mis amigos y tomé cuatro cervezas y fumé diez cigarrillos. Después dormí mal, sólo cinco horas. A partir de ahora, voy a ir al polideportivo y no voy a ir al bar. **Vicente**

....

....

3 Choose one of the texts and translate it into English on a separate piece of paper.

¡Me duele todo! (pages 62–63)

1 Read Rubén's diary entry and complete the conversation with his mum using words and phrases from the text.

> ¡Ay! No me encuentro bien, estoy enfermo. Tengo quemaduras del sol, me duele la cabeza y tengo náuseas. También me duelen el pie y el brazo. Ayer hizo mucho sol. Fui a la playa con mis amigos y no me puse crema solar. Después tuve un accidente. Hice surf y me di contra una roca. ¡Qué horror! La próxima vez voy a tener más cuidado, me voy a poner crema solar y no voy a hacer deportes náuticos.

me di I hit myself

Mamá: ¿Qué tal estás? ¿Tienes catarro?

Rubén: No, no tengo catarro, pero **1** no me encuentro bien .

Mamá: ¿Qué tienes?

Rubén: Tengo **2** .... y tengo **3** ....

Mamá: ¿Te duele el estómago?

Rubén: No, pero **4** .... la cabeza.

Mamá: ¿Qué más te duele?

Rubén: También **5** .... el pie y el brazo.

Mamá: ¿Adónde fuiste ayer?

Rubén: **6** .... a la playa a hacer **7** ....

Mamá: ¿Qué tiempo hizo?

Rubén: Hizo **8** .... y no me puse **9** ....

Mamá: ¿Por qué te duelen el pie y el brazo?

Rubén: **10** .... un accidente.

Mamá: ¡Tienes que tener más cuidado!

Rubén: De acuerdo. En el futuro **11** .... crema para protegerme y no **12** .... deportes náuticos.

2 Answer the questions in Spanish on a separate piece of paper. Remember to change the verbs in the text from the first person to the third person.

1 ¿Qué tal está Rubén?

2 ¿Qué tiene?

3 ¿Qué le duelen?

4 ¿Adónde fue ayer y qué tiempo hizo?

5 ¿Qué va a tener la próxima vez?

6 ¿Qué no va a hacer?

3 Write a diary entry for Óscar using the pictures and the diary entry in Exercise 1 to help you. Use verbs in the present, preterite or near future.

1 Read the text and translate the phrases below into English using the context and your grammatical knowledge.

Reglas para vivir una vida sana

Se debe comer una variedad de alimentos, especialmente frutas y verduras

Está bien comer pasteles y helados de vez en cuando, pero tu mejor opción es comer una gran variedad de alimentos. Para consumir las siete porciones de frutas y verduras al día, puedes poner fruta en tus cereales, comer ensaladas y comer fruta de postre.

Beber agua y leche en vez de refrescos

Cuando tienes sed, es mejor tomar agua. También es importante beber leche porque contiene calcio, que es necesario para los huesos. El zumo de fruta contiene azúcar, así que se debe diluir con agua.

Limita tu tiempo delante de la pantalla

No debes pasar tanto tiempo enfrente del televisor, con los videojuegos o navegando por Internet. Está bien hacer tus deberes en el ordenador, pero es importante dedicar más tiempo a ser activo.

Se debe ser activo

Es necesario hacer actividades físicas divertidas. Puedes ir a los clubes de deportes en tu instituto o ir al polideportivo con tus amigos. Lo mejor es hacer deporte al aire libre.

Duerme al menos de siete a ocho horas al día

Dormir es importante para tu metabolismo. Para dormir bien, no debes jugar a los videojuegos antes de acostarte. También debes evitar el estrés y no beber café.

No fumes ni bebas alcohol

Fumar es lo peor para la salud y es muy difícil dejar de fumar. Tomar alcohol es peligroso para los jóvenes. Por ejemplo, un gran número de accidentes de tráfico están causados por conductores que beben demasiado alcohol.

1 Contiene calcio, que es necesario para los huesos. ....

....

2 Es importante dedicar más tiempo a ser activo. ....

....

3 Lo mejor es hacer deporte al aire libre. ....

4 Debes evitar el estrés. ....

5 Es muy difícil dejar de fumar. ....

2 Read the text in Exercise 1 again. Number the following English sentences in the order they are mentioned in the text.

a Fruit juice should be diluted.

b Many car accidents are caused by drunk drivers.

c It's fine to eat sweet things occasionally.

d You should do sports that you enjoy.

e It's not good to spend too much time in front of a screen.

f It's not a good idea to play computer games before bedtime.

3 On a separate piece of paper, summarise in English the advice given in the text.

1 Read skier Jon Santacana's answers in an online interview below. Write the questions below the box in the correct spaces.

X

Un campeón de esqui

Jon Santacana, es un esquiador con discapacidad visual. Es el campeón español de los Juegos Paralímpicos de Sochi 2014. Ganó una medalla de oro y una de plata.

1 ....

JS: Empecé a esquiar a los 10 años con mi familia durante los fines de semana. Mi abuelo fue campeón de esquí.

2 ....

JS: Para mí, el esquí es el deporte rey. El esquí me da libertad y adrenalina en las competiciones. Además, me encanta la nieve y los paisajes nevados me chiflan.

3 ....

JS: Sí, me encanta el deporte. Corro y monto en bici de montaña. Me mola el surf y creo que puede beneficiarme también para el esquí.

4 ....

JS: Sí, en varias ocasiones. En mi opinión, es una actividad muy divertida, pero prefiero el esquí.

5 ....

JS: Soy estudiante de fisioterapia y además, me considero un esquiador semiprofesional. Al principio esquiar fue difícil y muy caro. Ahora hay más interés, más competiciones y más ayuda económica.

6 ....

JS: Miguel y yo somos un equipo. Tenemos que entrenar muchas horas. Es mucho trabajo, pero somos muy buenos amigos. ¿Es mi guía? No sé, creo que es mi mejor amigo.

7 ....

JS: Tuve un accidente. Me caí y me fracturé la pierna. Me dolió mucho. Tuve una operación. La rehabilitación fue dura, pero en dos meses participé en un campeonato internacional y gané una medalla de plata.

8 ....

JS: Me despierto temprano y todos los días entreno en el gimnasio con mis entrenadores. Llevo una dieta muy sana, pero con muchas calorías. No fumo y no bebo muchas bebidas alcohólicas, las bebo sólo en ocasiones especiales.

9 ....

JS: Voy a descansar. Le semana que viene voy a ir de vacaciones a la playa con Miguel y vamos a hacer surf.

v

a ¿Qué estudias?

b ¿Qué te pasó en 2006?

c ¿Qué relación tienes con tu guía?

d ¿Cuál es tu rutina de entrenamiento?

e ¿Practicas otros deportes?

f ¿Qué vas a hacer ahora?

g ¿Cuándo empezaste a esquiar?

h ¿Practicas snowboard alguna vez?

i ¿Por qué te gusta el esquí?

2 Using three different coloured highlighters, find in the text in Exercise 1 three verbs in each of the following tenses:

- present
- preterite
- near future

¡REPASO 2!

1 **Read the text in Exercise 1 on page 33 again and complete the following sentences in Spanish.**

1 A los 10 años Jon empezó a esquiar.

2 Le mola

3 Jon y Miguel tienen que

4 Después del accidente le dolió mucho

5 Se despierta

6 Lleva una

7 La semana que viene

2 **Read the text again. What information does Jon give about the following? Write notes in English.**

1 his family

2 what skiing means to him

3 how he feels about other sports

4 how life was for him when he started his sporting career

5 how he feels about his guide

6 what happened when he fell in 2006

7 his training routine

8 what he is going to do now

3 **On a separate piece of paper, write an interview with one of these two sportspeople. You can find out more about them on the Internet.**

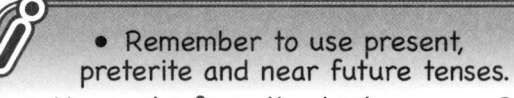

- Remember to use present, preterite and near future tenses.
- Use verbs from the text on page 33.
- Highlight phrases you can use and adapt from the text.

Sandra Aguilar
Deporte: gimnasia rítmica.
Empezó a los cinco años.
Entrena de lunes a sábado seis o siete horas al día.
Compitió en las Olimpiadas de Londres en 2012.
Le mola: salir con amigos, ir al cine.
Va a competir en las próximas Olimpiadas.

Joaquim Rodríguez
Deporte: ciclismo.
Empezó a los cinco años.
Campeón del Giro de Lombardía dos veces.
Accidente: 2002, se cayó, rehabilitación de un año.
Le mola: la pasta, las montañas, jugar con su hijo.
Va a participar en el próximo Tour de France y La Vuelta a España.

¡GRAMÁTICA! (pages 70-71)

1 Replace the noun in each sentence with the correct direct object pronoun: *lo, la, los, las*. Take care to put the pronoun in the correct position.

1 Como pescado una vez a la semana. Lo como una vez a la semana.

2 Casi nunca tomo café.

3 Como galletas todos los días.

4 Como verduras de vez en cuando.

5 Bebo agua con las comidas.

6 Como helado de postre.

7 Bebo refrescos muy a menudo.

8 Tomo zumo de fruta para desayunar.

2 Circle the odd one out in each group of verbs. Then write the correct form of the odd one out.

1	juego	jugamos	jugasteis	juegan	
2	prefieres	prefirió	preferís	prefieren	
3	quiere	queremos	queréis	quisieron	
4	puedo	pudo	podemos	pueden	
5	duermes	duerme	dormisteis	duermen	
6	me vestí	te vistes	se viste	se visten	

Gramática

Stem-changing verbs have a vowel change in the stem in the *I, you* (singular), *he/she* and *they* forms of the present tense:

ju**g**ar → ju**e**go

qu**e**rer → qu**ie**ro

d**o**rmir → d**ue**rmo

pr**e**ferir → pr**e**f**ie**ro

p**o**der → p**ue**do

Gramática

Reflexive verbs include a reflexive pronoun (**me, te, se, nos, os, se**) that goes in front of the verb.

me lavo = I wash myself

Some reflexive verbs are also stem-changing:

desp**e**rtarse → me desp**ie**rto

ac**o**starse → me ac**ue**sto

v**e**stirse → me v**i**sto

3 Complete the sentences with the correct form of the reflexive verb in brackets.

1 Yo **(levantarse)** a las siete.

2 ¿A qué hora **(despertarse)** tu hermana?

3 Nosotros **(lavarse)** las manos antes de comer.

4 Sara y Lola **(vestirse)** después de desayunar.

5 Vosotros **(acostarse)** muy tarde.

6 Tu **(ducharse)** todos los días.

¡Viva! 3 © Pearson Education Limited 2014

1   Record your levels for Module 3.

2   Look at the level descriptors on pages 62–63 and set your targets for Module 4.

3   Fill in what you need to do to achieve these targets.

Listening	I have reached Level _____ in **Listening**. In Module 4, I want to reach Level _____. I need to _____ _____ _____ _____
Speaking ¡Hola!	I have reached Level _____ in **Speaking**. In Module 4, I want to reach Level _____. I need to _____ _____ _____ _____
Reading	I have reached Level _____ in **Reading**. In Module 4, I want to reach Level _____. I need to _____ _____ _____ _____
Writing	I have reached Level _____ in **Writing**. In Module 4, I want to reach Level _____. I need to _____ _____ _____ _____

¿Llevas una dieta sana?   Do you have a healthy diet?

Llevo una dieta sana.	I have a healthy diet.	la pasta / la pizza	pasta / pizza
Me gusta (bastante / mucho) el pan.	I (quite / really) like bread.	los caramelos	sweets
		los huevos	eggs
Me gustan las galletas.	I like biscuits.	los pasteles	cakes
No me gusta(n) (nada)…	I (really) don't like… (at all).	las galletas	biscuits
el arroz / el pan	rice / bread	las verduras	vegetables
el pollo / el pescado	chicken / fish	Como / Comí verduras.	I eat / ate vegetables.
la carne / la ensalada	meat / salad	Bebo / Bebí agua.	I drink / drank water.

¿Con qué frecuencia comes pescado?   How often do you eat fish?

Lo / La / Los / Las como…	I eat it / them…	muy a menudo	very often
tres veces al día	three times a day	a veces	sometimes
cada día / todos los días	every day	de vez en cuando	from time to time
dos veces a la semana	twice a week	(Casi) nunca lo / la / los / las como.	I (almost) never eat it / them.
los fines de semana	at weekends		
una vez al mes	once a month		

¿Qué haces para estar en forma?   What do you do to keep fit?

Me gusta mucho hacer deporte.	I really like doing sport.	Juego a la pelota vasca.	I play pelota (Basque ball game).
Hago artes marciales.	I do martial arts.	…en el parque / gimnasio	…in the park / gym
Hago atletismo.	I do athletics.	Voy al polideportivo.	I go to the sports centre.
Hago footing.	I go jogging.	Soy miembro de un club.	I belong to a club.
Hago gimnasia.	I do gymnastics.	Voy a clases de baile.	I go to dance classes.
Hago natación.	I go swimming.	Prefiero jugar al fútbol.	I prefer playing football.
Juego al baloncesto.	I play basketball.	Es mi deporte preferido.	It is my favourite sport.
Juego al ping-pong.	I play table tennis.	Empecé (a jugar)	I started (playing)…
Juego al tenis.	I play tennis.	a los (diez) años	at the age of (ten)
Juego al voleibol.	I play volleyball.	Voy a empezar a (hacer)…	I am going to start (doing)…

¿Cuál es tu rutina diaria?   What is your daily routine?

me despierto (muy temprano / a las siete)	I wake up (very early / at seven o'clock)	meriendo	I have an afternoon snack
		ceno (…)	I have (… for) dinner
me levanto (enseguida)	I get up (straight away)	salgo (a correr)	I go out (running)
me lavo los dientes	I brush my teeth	corro (veinte kilómetros)	I run (twenty kilometres)
me ducho	I shower	entreno	I exercise / train
me visto	I get dressed	voy al insti / trabajo	I go to school / work
me acuesto	I go to bed	termino (a las dos)	I finish (at two o'clock)
desayuno	I have breakfast	duermo (ocho horas)	I sleep (for eight hours)

¡Viva! 3 © Pearson Education Limited 2014

Consejos para estar en forma Advice for keeping fit / in shape

Para estar en forma...	To keep fit / in shape...
Se debe...	You / One must...
beber agua frecuentemente	drink water frequently
comer más fruta y verduras	eat more fruit and vegetables
comer menos chocolate / caramelos	eat less chocolate / fewer sweets
dormir ocho horas al día	sleep for eight hours a day
entrenar una hora al día	train for one hour a day
No se debe...	You / One must not...
beber alcohol	drink alcohol
beber muchos refrescos	drink lots of soft drinks
comer comida basura	eat junk food
fumar	smoke
Soy adicto/a al / a la / a los / a las...	I am addicted to...
A partir de ahora, voy a...	From now on, I am going to...

¿Qué tal estás? How are you?

¿Qué te duele?	What hurts?
¿Te duele el estómago?	Does your stomach hurt?
Me duele el brazo / el estómago / el pie.	My arm / stomach / foot hurts.
Me duele la cabeza / la espalda / la garganta.	My head / back / throat hurts.
Me duele la mano / la pierna.	My hand / leg hurts.
Me duelen los dientes.	My teeth hurt.
Me duelen los oídos.	My ears hurt. / I've got earache.
Me duelen los ojos.	My eyes hurt.
Tengo catarro.	I've got a cold.
Tengo náuseas.	I feel sick / nauseous.
Tengo quemaduras del sol.	I've got sunburn.
Tengo tos.	I've got a cough.
Estoy cansado/a.	I'm tired.
Estoy enfermo/a.	I'm ill.
No me encuentro bien.	I don't feel well.

Palabras muy frecuentes High-frequency words

lo / la	it
los / las	them
casi	almost / nearly
cada	each / every
todo/a/os/as	all
mucho/a/os/as	a lot (of)
ayer	yesterday
hace (dos) años	(two) years ago
el fin de semana pasado	last weekend
la próxima vez	next time
para	(in order) to
creo que	I think that

¡Viva! 3 © Pearson Education Limited 2014

1 Read the messages below from a problem page and match them to the correct advice. Note that there are five problems but only four pieces of advice.

a Soy una chica de 16 años y me gusta mucho estudiar. En el futuro quiero ir a la universidad, pero mis padres piensan que la educación no es importante. Por eso no puedo estudiar el año que viene. Tengo que buscar trabajo. **Sara**

b Mi familia es muy estricta. Cuando estoy en casa, tengo que ayudar con las tareas o tengo que estudiar y hacer los deberes. La semana pasada salí a jugar al fútbol con mis amigos al parque y después mi padre me gritó mucho. Ahora no me deja salir a jugar nunca. **Iván**

c Vivimos en Caracas, en Venezuela. En nuestro barrio hay muchos problemas. Hay muchos robos y mucha violencia. Es muy estresante para todos. En el futuro queremos ir a vivir a otro sitio. **Aurelia**

d En nuestro barrio hay mucho tráfico y hay mucha contaminación. Por la noche es imposible dormir por el ruido. Cuando salimos a la calle no podemos respirar porque el aire está contaminado. **Daniel y Rafael**

e Somos un equipo de fútbol de chicas. El problema que tenemos es que no podemos jugar partidos los sábados y los domingos porque el equipo de chicos tiene partido y ellos tienen prioridad. No es justo. ¿Qué podemos hacer? ¿Podemos decir algo? **Las chicas futboleras**

1 Podéis hablar con el ayuntamiento y decirles que la situación es inaceptable porque no podéis dormir ni respirar. ....

2 Tienes que explicar a tus padres que jugar es importante para los niños. ....

3 Sí, claro, podéis protestar porque la situación es injusta. Las chicas son tan importantes como los chicos. ....

4 ¿Puedes hablar con tus padres y decirles que los estudios son muy importantes para ti? ....

2 Match the rights below to the problems in Exercise 1.

1 Los niños tienen derecho a un medio ambiente sano. ....

2 Los niños tienen derecho a la libertad de expresión. ....

3 Los niños tienen derecho al juego. ....

4 Los niños tienen derecho a vivir en armonía. ....

5 Los niños tienen dercho a la educación. ....

3 On a separate piece of paper, write the missing response. Use the prompts below to help you.

- No es aceptable.../No es justo...
- Tienes derecho a...
- Puedes hablar con/escribir a... la policía/el ayuntamiento

¡2! El comercio justo (pages 80-81)

1 **Complete the texts with the correct form of the verb in brackets. Use the third person singular or plural.**

> Raúl tiene 12 años y **1 (vivir)** vive............... en Bogotá, la capital de Colombia. Raúl
> **2 (vivir)** .... con su madre y sus tres hermanos pequeños. Raúl
> **3 (trabajar)** .... en una fábrica de muebles y **4 (hacer)** .... de todo.
> Empieza a las siete y media de la mañana y **5 (terminar)** .... a las seis y media
> de la tarde. No va a la escuela y no tiene tiempo libre. Pero lo bueno es que Raúl **6 (ganar)** ......
> dinero para su familia. Además, en el futuro, va a aprender a ser carpintero.

> Magda tiene 10 años y su hermano, Agustín, **7 (tener)** .... 13 años.
> **8 (Vivir)** .... en un pueblo en el norte de Colombia. En su región se cultiva
> café de alta calidad. Magda y Agustín **9 (trabajar)** .... con sus padres en el
> campo, en el cultivo del café. El trabajo es bastante duro. No van a la escuela porque
> **10 (vivir)** .... en una región montañosa donde hay pocas escuelas. Pero lo
> bueno es que la familia **11 (vender)** .... su producto por el sistema de comercio
> justo y todos **12 (poder)** .... vivir de lo que producen.

| se cultiva | is grown |
| montañosa | mountains |

2 **Read the texts in Exercise 1 again and note whether the sentences below are true (T) or false (F).**

Raúl

1 trabaja en una fábrica. ☐

2 trabaja once horas al día. ☐

3 estudia en una escuela por la noche. ☐

4 no tiene tiempo para jugar. ☐

Magda y Agustín

5 viven en una ciudad. ☐

6 trabajan con sus padres. ☐

7 ayudan a la familia a vivir de lo que cultivan. ☐

8 van a ir a la escuela en el futuro. ☐

3 **On a separate piece of paper, write two positive sentences and two negative sentences about Raúl and about Magda and Agustín and give your opinion about what they do. Start like this:**

1 Lo bueno es que Raúl... Pero lo malo es que... No es justo porque...

2 Lo bueno es que Magda y Agustín... Pero lo malo es que... No es justo porque...

¡Reciclamos! (pages 82–83)

1 Write the phrases from the box below under the correct headings.

Para proteger el medio ambiente	
se debería...	no se debería...

> apagar las luces   usar bolsas de plástico
> usar el transporte público o ir a pie   tirar basura al suelo
> hacer compostaje   plantar árboles   reciclar el vidrio, el plástico y el papel
> cerrar el grifo   desenchufar los aparatos eléctricos

2 Write a paragraph for the poster. Use the prompts below and phrases from Exercise 1.

- Para proteger el medio ambiente...
- Para reducir la cantidad de basura...
- Para reducir el consumo eléctrico...
- Para no malgastar agua...

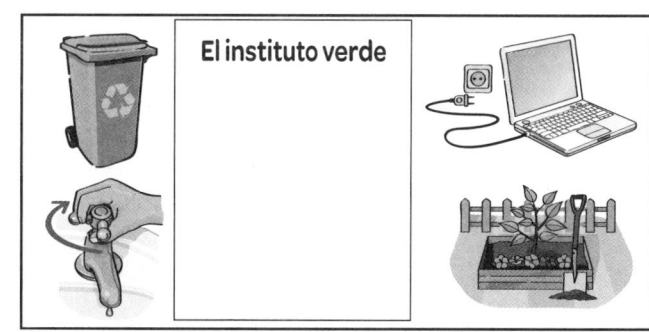

El instituto verde

3 Read the text and, on a separate piece of paper, answer the questions in English.

> El año pasado nuestro instituto ganó un premio por su programa de medio ambiente. Reducimos el consumo de electricidad en un 10%. Ahora tenemos una campaña para animar a los estudiantes a ir a clase en transporte público, en bici o a pie. El año que viene pensamos hacer un jardín y cultivar verduras ecológicas para comerlas en la cafetería. Además, vamos a hacer compostaje con los residuos para usarlos en el jardín.

1 What has the school achieved in the past?

2 What is the school's aim at the moment?

3 What are they planning for the future?

¡4! Mi ciudad (pages 84–85)

1 Read the article about Medellín in Colombia. Draw a line to match the phrases from the text (1–8) to their English meaning (a–h).

Medellín es una ciudad importante de Colombia, en Sudamérica. Se llama 'la ciudad de la eterna primavera' porque hace buen tiempo todo el año. Pero hace 25 años, la ciudad estaba en crisis. Había mucha violencia y muchos problemas sociales. Era la ciudad más peligrosa del mundo. Además, en los barrios pobres, las calles estaban sucias y muchos niños no tenían acceso a una educación adecuada.

Hoy en día la calidad de vida en Medellín es mucho mejor. Hay violencia, pero la ciudad no es tan peligrosa como antes. Ahora, en los barrios pobres, hay escuelas públicas de excelencia. No hay basura en las calles. No hay papeles tirados en el suelo y no hay perros abandonados. El transporte público es mucho mejor y hay un metro que va del centro a la periferia de la ciudad.

Medellín tiene muchos proyectos para el futuro. Uno de ellos es ampliar el transporte público con 'el metroplus' y mejorar las conexiones con el resto de Colombia y con el resto del mundo. Los planes son mejorar la calidad de vida de los habitantes y convertirla en la ciudad más próspera del país.

1	la ciudad de la eterna primavera	**a**	it isn't as dangerous as it was before
2	hace 25 años	**b**	the city of eternal spring
3	la calidad de vida	**c**	the quality of life
4	no es tan peligrosa como antes	**d**	there are excellent state-funded schools
5	hay escuelas públicas de excelencia	**e**	there are no stray dogs
6	no hay papeles tirados al suelo	**f**	there's no litter
7	no hay perros abandonados	**g**	to improve
8	mejorar	**h**	25 years ago

2 On a separate piece of paper, translate the following sentences into Spanish to give a summary of the article. (Look at the article to find the words and phrases you need.)

1 Twenty-five years ago, Medellín was the most dangerous city in the world.

2 There was a lot of violence, the streets were dirty and many children didn't have a good education.

3 Now Medellín is a lot better: there are very good state schools; there's no rubbish in the streets and there are no stray dogs.

4 Plans for the future are to improve the quality of life of the people of Medellín and make the city the most prosperous part of the country.

3 Read the article in Exercise 1 again and, on a separate piece of paper, answer the questions in English.

1 In what ways has quality of life improved for people who live in Medellín?

2 What are the plans for further improvements in Medellín?

3 Does the writer of this article have a positive or negative view of the way Medellín has changed? Give reasons for your answer.

¡SKILLS! Queremos recaudar fondos (pages 86-87)

1 **Read the email. Then tick the correct answers to the questions.**

> ¡Hola Javi! ¿Cómo estás? Te escribo porque el mes que viene vamos a hacer un proyecto solidario en el instituto con fines benéficos. El año pasado organizamos una rifa para ayudar a los ancianos de nuestro barrio, pero este año vamos a recaudar dinero para los niños enfermos. Este año pensamos preparar algo diferente, y por eso te escribo. ¿Preparas fiestas para recaudar dinero a veces? ¿Haces otros proyectos solidarios en tu instituto? ¿Qué haces? ¡Buscamos buenas ideas!
> Hasta pronto,
> Lorena

1 What is Lorena's school planning to do?

   a Have a party. ☐

   b Do a sponsored walk. ☐

   c Plan a fund-raising project. ☐

2 When is it going to take place?

   a Next week. ☐

   b Next month. ☐

   c Last weekend. ☐

3 What did Lorena's school organise in the past?

   a A lottery for sick children. ☐

   b A sponsored walk for a children's hospital. ☐

   c A raffle for old people. ☐

4 Why is Lorena writing?

   a To tell you about her school. ☐

   b To ask for money. ☐

   c To ask for ideas. ☐

2 **Circle the correct options to complete Javi's reply to Lorena. Write your own reply on a separate piece of paper.**

> Hola Lorena:
> Gracias por tu correo. En mi instituto hacemos **1 mucho/muchos** proyectos solidarios. El año pasado por ejemplo, **2 hicimos/hacemos** un lavado de coches. Lo **3 pasar/pasamos** bomba y recaudamos mucho dinero. Este año vamos a participar en **4 un/una** marcha y al final los padres van a vender pasteles. **5 Fue/Va a ser** muy **6 divertido/divertida**. Además, nuestra profesora de español va a **7 corre/correr** en un maratón. Es para recaudar fondos para luchar contra el cáncer.
> ¡Mucha suerte!
> Javi

3 **On a separate piece of paper, write your own reply, but make the following changes:**

- Last year you organised a party.
- This year you're going to sell cakes.
- You're also going to have a raffle.

Add more details if you would like to.

SKILLS

In your written work, remember to:
- Use the correct article, e.g. **una** rifa, **un** maratón.
- Make adjectives agree with the words they describe, e.g. **mucho dinero**.
- Use the correct verb form and tense, e.g **Cada año organizamos... El año pasado hicimos...**

¡ZONA LECTURA! Solidarios (pages 88–89)

1 Find the following cognates and circle them in the text.

1 construction, mining and textiles

2 agriculture and domestic work

3 conditions

4 salaries

5 participated

> **SKILLS**
>
> **Cognates**
> Cognates are words in two languages that are similar, e.g. **problema** (problem). However, sometimes words can look similar but have completely different meanings, e.g. **el éxito** means 'success' not 'exit'.

La lucha contra el trabajo infantil

Cerca de 14 millones de niños trabajan en Latinoamérica y el Caribe, un 10% de los menores de 17 años. Hay niños trabajadores en sectores como la construcción, la minería y el textil, pero la mayoría trabajan en la agricultura y en labores domésticas. Trabajan en condiciones que pueden ser peligrosas y que ponen en riesgo su salud física y psicológica.

El 50% de los niños que trabajan no reciben dinero. Los que reciben salarios ganan mucho menos que el mínimo legal. Además, tienen que trabajar hasta 16 horas diarias.

Es un problema, porque cuando los niños trabajan en vez de ir a la escuela, se limita su futuro. No tienen acceso a la enseñanza que van a necesitar para conseguir un empleo bien pagado. De esta manera la pobreza y la injusticia persisten.

El año pasado se organizó una serie de conciertos internacionales para llamar la atención sobre los problemas de los niños que trabajan. Participaron músicos de todos los géneros, desde la música clásica a la música rock. Esta campaña tuvo mucho éxito y se va a repetir en el futuro.

---

2 Match each of the following expressions from the text in Exercise 1 with its English meaning.

1 ponen en riesgo su salud

2 ganan mucho menos que el mínimo legal

3 para conseguir un empleo bien pagado

4 la pobreza y la injusticia persisten

5 para llamar la atención

6 esta campaña tuvo mucho éxito

a poverty and injustice continue

b put their health at risk

c they earn much less than the minimum wage

d this campaign had a lot of success

e to attract attention to/to raise awareness

f to get a well-paid job

3 Read the text again and note whether the statements are true (T) or false (F).

1 Child labour is common in Latin America. ☐

2 Most of the children work in construction and mining. ☐

3 They often work in conditions that are potentially dangerous. ☐

4 Many of the children don't receive any money for their work. ☐

5 Children don't go to school because they have to work. ☐

¡REPASO 1!

1 Write a response to each sentence using the appropriate children's right from the box.

> Todos los niños tienen derecho:
> - a la libertad de expresión
> - a un medio ambiente sano
> - a la educación
> - a vivir en armonía
> - al juego
> - al amor y a la familia

1 No puedo ir a la escuela.

No es justo/Es inaceptable. Tienes derecho a la educación.

2 Tengo que trabajar y no tengo tiempo libre.

3 No tengo padres y vivo en la calle.

4 El aire en mi barrio está muy contaminado. No puedo respirar.

5 No gano dinero con mi trabajo, pero no puedo protestar.

6 Hay mucha violencia en mi barrio.

2 Read the texts and complete the sentences using *más* or *menos*.

Me llamo **Adela** y tengo 16 años. Trabajo en el restaurante de mis padres. Trabajo solamente los sábados y los domingos. Normalmente empezamos a las once y media y terminamos sobre las cinco y media de la tarde. Gano 20 euros al día. Me gusta el trabajo y los clientes son, por lo general, muy simpáticos.

Me llamo **Carlos** y tengo 15 años. Trabajo en el campo con mis padres. Trabajo con ellos en la finca. Me levanto muy temprano y trabajo una hora antes de ir al instituto. Luego, por la tarde, trabajo un par de horas más. Los fines de semana trabajo cuatro o cinco horas al día o más. Gano 50 euros a la semana. En el futuro me gustaría ir a la universidad.

1 Carlos es .... joven que Adela.

2 Adela trabaja .... horas a la semana que Carlos.

3 Carlos gana .... a la semana que Adela.

3 On a separate piece of paper, translate what Carlos writes in Exercise 2 into English.

¡REPASO 2!

1 Complete the text with the words from the box.

> árboles   bicicletas   bolsas de plástico   contaminación
> apagar   malgastar   vidrio

Para proteger el medio ambiente

El año pasado organizamos un proyecto verde. Empezamos con una campaña de

reciclaje. Reciclamos el 90% del papel, del plástico y del **1** ....

de nuestra cafetería. Con los residuos de comida, hicimos compostaje. Dejamos de

usar **2** .... y empezamos a usar bolsas de papel.

Después, pensamos en animar a los empleados a ahorrar energía. Por eso, escribimos

mensajes por la oficina, por ejemplo: 'Se debería **3** ....

las luces.' o 'No se debería **4** .... el agua.'

Este año vamos a plantar **5** .... delante de la oficina

para mejorar el medio ambiente. También, para reducir el tráfico y la

6 ...., vamos a ofrecer **7** ....

a nuestros empleados, para venir al trabajo desde la estación del metro.

2 Look at the pictures and, on a separate piece of paper, write paragraphs about the town ten years ago and now. Say whether the town is better or worse now and why. Include the words from the box.

Antes

Ahora

Polideportivo

Club Juvenil

> (la) basura   (las) casas
> (los) jóvenes   además/también
> hace 10 años   limpio   nada que hacer
> nuevo   sucio   viejo
> mejor/peor   porque

Gramática

Present	Imperfect
hay (there is/are)	**había** (there used to be)
tiene (it has)	**tenía** (it used to have)
está (it is)	**estaba** (it used to be)
es (it is)	**era** (it used to be)

¡GRAMÁTICA!

MODULE 4

1 **Complete the conversation between Pablo and his mum. Use each part of the verb** *poder* **once.**

> puedo   puedes   puede   podemos   podéis   pueden

Pablo: Tengo que hacer un proyecto sobre el medio ambiente. ¿**1** .... ayudarme?

Mamá: Sí, claro. **2** .... hacerlo ahora si quieres. Tengo tiempo.

Pablo: Muy bien, perfecto. Tenemos que pensar en lo que **3** .... hacer en el instituto para proteger el planeta.

Mamá: Tú y tus compañeros de clase **4** .... hacer una campaña para ahorrar electricidad. Se debería hacer un póster para animar a todos a apagar las luces y desenchufar los ordenadores. Tenéis que poner el póster en la pared de la clase, así todos **5** .... verlo.

Pablo: Pero no sé dibujar ni pintar.

Mamá: Habla con tu prima, Luisa. A lo mejor ella **6** .... hacer el póster. Es diseñadora.

Pablo: Genial. Voy a llamar a Luisa ahora.

2 **Complete the text about the early life of Messi, the footballer, by writing the verbs in brackets in the imperfect.**

Cuando **1 (ser)** .... pequeño, Lionel Messi **2 (vivir)** .... en Rosario, en Argentina. Su padre **3 (trabajar)** .... en una fábrica y su madre **4 (ser)** .... limpiadora. A los cinco años, Messi ya **5 (jugar)** .... al fútbol bastante bien y empezó a jugar en el club Grandoli, en Rosario. Cuando Messi **6 (tener)** .... ocho años, empezó a jugar en un club más importante, el Newell's Old Boys. Luego, cuando sólo **7 (tener)** .... 13 años, fue a Barcelona a entrenar con los jugadores juveniles del FC Barcelona. Al principio, sus padres y sus hermanos también **8 (vivir)** .... en Barcelona, pero después su madre fue a Argentina con sus hijos y sólo Lionel y su padre **9 (estar)** .... en España. Lionel **10 (ir)** .... al instituto en Barcelona y **11 (jugar)** .... al fútbol con los juveniles. A los 16 años, Messi ya **12 (jugar)** .... en la Liga. Dice que llegó a ser buen jugador porque **13 (ser)** .... más pequeño que los otros chicos: 'Podía controlar el balón mejor porque **14 (ser)** .... pequeño. **15 (Poder)** .... ser más ágil y más rápido que los demás.'

Gramática

Remember how to form the imperfect tense:

–ar verbs	trabaj**aba**	trabaj**aban**
–er and **–ir** verbs	viv**ía**	viv**ían**

Some verbs are irregular:

ser	era	eran	**tener**	tenía	tenían
estar	estaba	estaban	**ir**	iba	iban

1 Record your levels for Module 4.

2 Look at the level descriptors on pages 62–63 and set your targets for Module 5.

3 Fill in what you need to do to achieve these targets.

Listening	I have reached Level _____ in **Listening**. In Module 5, I want to reach Level _____. I need to _____ _____ _____ _____
Speaking	I have reached Level _____ in **Speaking**. In Module 5, I want to reach Level _____. I need to _____ _____ _____ _____
Reading	I have reached Level _____ in **Reading**. In Module 5, I want to reach Level _____. I need to _____ _____ _____ _____
Writing	I have reached Level _____ in **Writing**. In Module 5, I want to reach Level _____. I need to _____ _____ _____ _____

¡Viva! 3 © Pearson Education Limited 2014

¡PALABRAS!

Mis derechos My rights

Tengo derecho...	I have the right...
al amor y a la familia	to love and to family
al juego	to play
a la educación	to education
a la libertad de expresión	to freedom of expression
a un medio ambiente sano	to a healthy environment
a vivir en armonía	to live in harmony
No puedo...	I cannot...
dar mi opinión	give my opinion
jugar con mis hermanos	play with my brothers and sisters
salir solo/a	go out alone
dormir	sleep
ir al insti(tuto)	go to school
respirar	breathe
porque...	because...
soy chico/a	I am a boy/girl
tengo que ganar dinero	I have to earn money
hay mucha violencia en mi ciudad	there is a lot of violence in my city
mi padre grita mucho	my dad shouts a lot
tengo que trabajar	I have to work
el aire está contaminado	the air is polluted
No es justo porque...	It isn't fair because...
Es inaceptable porque...	It is unacceptable because...

Las nacionalidades Nationalities

Soy...	I am...
boliviano/a	Bolivian
colombiano/a	Colombian
mexicano/a	Mexican
norteamericano/a	North American
inglés/inglesa	English
español(a)	Spanish
paquistaní	Pakistani

El comercio justo Fair trade

Tiene (diez) años.	He/She is (ten) years old.
Vive / Viven...	He/She lives / They live...
con su familia	with his/her family
en una plantación	on a plantation
Trabaja / Trabajan...	He/She works / They work...
(catorce) horas al día	(fourteen) hours a day
(seis) días a la semana	(six) days a week
para un patrón	for an employer
para una cooperativa	for a cooperative
Gana / Ganan (treinta) euros al mes.	He/She earns / They earn (thirty) euros a month.

¡Reciclamos! Let's recycle!

¿Qué se debería hacer para proteger el medio ambiente?	What should you/we do to protect the environment?
Para proteger el medio ambiente, ...	In order to protect the environment, ...
Se debería...	You/We should...
ahorrar energía en casa	save energy at home
apagar la luz	turn off the light
cerrar el grifo	turn off the tap
conservar el agua	save water
desenchufar los aparatos eléctricos	unplug electrical devices
ducharse en vez de bañarse	have a shower instead of a bath
ir en bici(cleta)	go by bike
reciclar el papel / el plástico / el vidrio	recycle paper / plastic / glass
usar transporte público	use public transport
No se debería...	You/We shouldn't...
malgastar el agua	waste water
tirar la basura al suelo	throw litter on the ground
usar bolsas de plástico	use plastic bags

Mi ciudad My town / city

¿Cómo era tu ciudad antes?	What was your town / city like before?	no había nada para los jóvenes	there didn't use to be anything for young people
Antes...	Before...	¿Cómo es ahora?	What is it like now?
era (bastante) aburrida	it used to be (quite) boring	Ahora...	Now...
era (muy) peligrosa	it used to be (very) dangerous	está limpia	it is clean
estaba sucia	it used to be dirty	hay menos basura	there is less rubbish
había mucha basura	there used to be a lot of rubbish	hay menos contaminación	there is less pollution
había mucha contaminación	there used to be a lot of pollution	hay parques y espacios públicos muy bonitos	there are very nice parks and public spaces
había mucha violencia	there used to be a lot of violence	hay una red de transporte muy buena	there is a very good transport network
no había medios de transporte público	there didn't use to be means of public transport	hay muchas cosas para los jóvenes	there are lots of things for young people
		no tiene barrios peligrosos	it doesn't have dangerous neighbourhoods

Palabras muy frecuentes   High-frequency words

mi/mis	my	para	in order to / for
su/sus	his/her	hay	there is/are
nuestro/a/os/as	our	había	there was/were/used to be
más... (que)	more... (than)	a partir de ahora	from now on
menos... (que)	less... (than)	además	in addition, what's more

¡Mucho gusto! (pages 100–101)

1 Fill in the missing words in Carolina and Amy's conversation using the words in the box.

éstos quiero tengo quieres
ésta éste tienes

Amy:	Te presento a mi familia. **1**............................... es mi madre y **2**.............................. es mi padrastro.
Carolina:	Mucho gusto.
Amy:	Ésta es mi hermana, Susana, y **3**.............................. son mis perros.
Carolina:	Hola, Susana. ¡Qué graciosos son los perros!
Amy:	¿Qué tal fue el viaje?
Carolina:	Pues fue largo. El avión llegó con retraso.
Amy:	¿**4**............................... hambre?
Carolina:	No, comí en el avión, pero **5**.............................. sed.
Amy:	¿**6**............................... té o café?
Carolina:	Prefiero agua.
Amy:	¿Tienes sueño o quieres ver la tele?
Carolina:	**6**.............................. acostarme, pero antes quiero ducharme.
Amy:	Por supuesto. Éste es tu dormitorio y aquí tienes una toalla.

2 Read Carolina's blog and answer the questions in Spanish.

> Esta tarde llegué a casa de mi amiga Amy en Londres. Me presentó a su familia. Sus padres son simpáticos. Tiene una hermana pequeña y unos perros.
>
> Mañana Amy y yo vamos a visitar el centro de Londres. Así voy a conocer los monumentos famosos. También quiero ir de compras a Camden Market.
>
> El fin de semana vamos a ir al campo. Vamos a quedarnos en la granja de los abuelos de Amy y va a presentarme al resto de su familia. Vamos a montar a caballo. ¡Qué ilusión! Tengo suerte de tener una amiga como Amy. Es muy tarde y tengo sueño. Quiero acostarme. Pero primero voy a ducharme porque tengo frío. Mi madre tenía razón: ¡en Inglaterra hace mal tiempo!

1 ¿Cuándo llegó Carolina a Londres? ....

2 ¿Qué van a hacer Amy y Carolina mañana? ....

3 ¿Adónde quiere ir de compras Carolina? ....

4 ¿Adónde van a ir el fin de semana? ....

5 ¿Por qué tiene suerte Carolina? ....

6 ¿Por qué tiene sueño? ....

7 ¿Por qué tiene frío? ....

La caza del tesoro (pages 102-103)

1   **Complete the text below using the words in the box.**

> ver   montar   subir   ir   probar   tener   sacar

Una caza del tesoro en Sevilla

Primero mis amigos y yo tenemos que **1** ....a la torre
de la Giralda donde vamos a **2** ....unas fotos de la vista más
espectacular de la ciudad.

Luego vamos a ir al barrio de Santa Cruz, donde hay que **3** ....
los patios más antiguos del barrio y **4** ....las tapas más
deliciosas de Andalucía. También hay que visitar la plaza de toros, que es la
más famosa de España.

Después tenemos que **5** ....a Isla Mágica y vamos a **6** ....en las
atracciones más divertidas del parque temático.

Para acabar, vamos a ir al museo del Baile Flamenco, donde vamos a **7** ....una
clase de baile y después vamos a ver un espectáculo de flamenco con los trajes más bonitos.

Belén

2   **Read the text in Exercise 1 again and, on a separate piece of paper, answer the questions in English.**

1   Why are Belén and her friends going to photograph the view from the Giralda tower?

2   What is special about the patios they are going to see in Santa Cruz?

3   Why do they have to try the tapas?

4   Why do they have to visit the bull ring?

5   What's special about the rides they are going on in the Isla Mágica theme park?

6   What's special about the costumes in the flamenco show?

3   **On a separate piece of paper, translate the text below into English. Look out for verbs in the present, preterite and near future tenses.**

Estoy en Sevilla con mis amigos y tenemos que hacer una caza del tesoro en tres días.
Ayer subimos a la Giralda y sacamos fotos de la vista espectacular. Después probamos
las tapas más deliciosas de Andalucía. Hoy hay que ir a un parque temático y tenemos
que montar en las atracciones más divertidas. Mañana vamos a hacer una clase de baile y
después vamos a ver un espectáculo de flamenco.

¡3! En la tienda de recuerdos (pages 104–105)

1 Circle the correct options to complete the dialogue between Blanca and a shop assistant.

– ¿En qué puedo ayudarle, señorita?

• *Quiero comprar algo para mi amigo.*

– ¿Un imán, una camiseta o quizás un llavero?

• *Una camiseta es más* **1 útil/útiles** *que un imán.*

– Estos llaveros son muy **2 original/originales**.

• *¿Cuánto* **3 es/son** *por los llaveros?*

– El verde cuesta 5 € y el amarillo 7 €.

• *Me llevo el llavero verde y quiero algo para mi madre.*

– Estos pendientes son más **4 bonito/ bonitos** que el collar.

• *De acuerdo, pero esta taza* **5 es/son** *más original que los pendientes.*

– Esta figurita es preciosa y es menos **6 cara/caras** que la taza.

• *Creo que voy a comprar la figurita porque es la cosa más bonita y más* **7 barato/barata**.

2 Read the dialogue again and correct the mistakes in the following sentences.

1 A magnet is more useful than a T-shirt. ....

2 The key rings are very ugly. ....

3 The yellow key ring is cheaper than the green key ring. ....

4 The necklace is prettier than the earrings. ....

5 The earrings are more original than the mug. ....

6 The figurine is more expensive than the mug. ....

3 Read the text and note whether the words below are referred to in the present, preterite or near future.

Tengo que comprar regalos para mi familia. Ayer fui a la tienda de regalos y compré algo para mi madre y mi amigo. Pero no encontré nada para mi hermana. Esta tarde voy a buscar un mercado y voy a comprar unas castañuelas para mi hermana. No sé qué comprar para mi padre. Es difícil. Quizas compro una camiseta. **Carlos**.

1 family ....

5 market ....

2 gift shop ....

6 castanets ....

3 mother ....

7 T-shirts ....

4 friend ....

8 father ....

¡4! ¿Qué visitarás mañana? (pages 106-107)

1 Use the verbs in the box to complete Mari Luz's blog. Then complete the crossword using the same words and find the mystery vertical word.

> Mi familia y yo estamos de vacaciones en Madrid. Todos los días visitamos
> **1** ↓ .... diferentes, pero también queremos visitar otras ciudades. Ayer
> fuimos a Ávila y nos gustó mucho. Mañana **2** .... de excursión a Segovia.
> **3** .... buen tiempo. **4** .... el tren. En Segovia mis hermanos
> **5** .... el Alcázar y mi madre **6** .... recuerdos. Yo **7** ....
> una vuelta por la plaza Mayor y mi padre **8** .... fotos de la catedral, del
> acueducto y de las vistas. No sé si mis padres **9** .... en un restaurante
> típico, pero yo sí **10** .... un helado. La visita **11** .... estupenda
> y creo que me **12** .... mucho Segovia. **Mari Luz**

comprará
tomaré
gustará
hará
sacará
daré
visitarán
cogeremos
será
iremos
comerán

2 Answer the questions on Mari Luz's blog in Exercise 1 in English.

1 Where are the family on holiday? ....

2 What did they think of Ávila? ....

3 How will they go to Segovia? ....

4 What does Mari Luz say she will eat? ....

3 On a separate piece of paper, translate the following text into Spanish. Use the text from Exercise 1 to help you. Make sure you use verbs in the correct tense.

I'm on holiday in Madrid. I like Madrid, but I want to visit other cities. Yesterday I went on a trip to Segovia and visited lots of attractions. I also ate in a typical restaurant. Tomorrow I will go to Toledo. I will visit the cathedral and I will buy souvenirs. I will go for a walk and take photos of the view. I think I will like the trip.

1 Skim the text below and complete the sentence in English.

¿Quieres pasar un día en Madrid?
Aquí te damos recomendaciones para elegir.

El museo del Prado es uno de los mejores museos del mundo. Conserva la obra de los maestros españoles más famosos: el Greco, Velázquez y Goya, entre otros.

El Rastro tiene lugar todos los domingos. Se dice que si no encuentras en este mercado lo que buscas, es que no existe. Es decir, que en el Rastro hay de todo: ropa, discos, libros, sartenes, zapatos, sombreros, antigüedades y mucho más.

Madrid es una ciudad que nunca duerme, y en las calles alrededor de la plaza Santa Ana encontrarás cafeterías, restaurantes y bares abiertos hasta altas horas de la madrugada. Aquí podrás 'tapear', ir de bar en bar a tomar delicias gastronómicas.

Si te cansas de caminar, podrás hacer un recorrido en autobús. Te sentarás y disfrutarás de las calles, de los monumentos y de los puntos de interés.

1 The city featured is ....

2 At the Prado you can see paintings by famous Spanish ....

3 The Rastro is a street ....

4 Around Santa Ana square you can find good places to eat ....

5 If you get tired of walking, you can take a .... tour around the city.

SKILLS

Skimming
Skimming is when you read a text quickly to get an idea of what it's about. This helps you to then understand the detail.

2 Read the text in Exercise 1 again and, on a separate piece of paper, answer the questions in English.

1 What is said about the range and variety of goods on sale at the Rastro?

2 What can you buy at the Rastro? (Name six things.)

3 What do you find out about the nightlife in Madrid?

4 What does 'tapear' mean?

5 What are the advantages of taking the tourist bus?

Solve the crossword with Spanish words using the clues below.

Horizontales

2 Espacio verde favorito de los madrileños; el .... del Retiro.

3 Es un regalo que llevas alrededor del cuello. Puede ser bastante caro si es de perlas o de diamantes.

4 Un regalo o un recuerdo práctico. Lo usas para guardar las llaves.

7 Tengo mucha .... Compré un billete de lotería y gané un premio.

9 Se puede comprar fruta, verduras y flores en un ...., pero en el Rastro hay de todo.

10 Expresión sinónima de 'mucho gusto'.

11 ¿A qué hora comeremos? Tengo mucha ....

13 Iré al .... del Prado porque me gusta mucho el arte.

14 ¿Puedo beber algo? Tengo ....

Verticales

1 En una ciudad hay plazas, avenidas y ....

3 El collar vale 30 € y los pendientes son 40 €, así que los pendientes son más .... que el collar.

5 Se llevan en las orejas.

6 Mañana iré a la tienda de .... para comprar regalos para mi familia.

8 El Bernabéu es el .... más famoso de Madrid. Allí puedes ver partidos entre el Real Madrid y los equipos de la Liga.

12 *Las Meninas* es el .... más famoso del pintor Velázquez.

1   Complete the email with the words and phrases from the box.

> ¿Qué vas a hacer?   Compré un sombrero   estaban deliciosas
> fuimos a un partido   fuimos de paseo   los cuadros   Luego
> más antiguos   pasé una semana   ~~Vas a ir a Madrid~~

¡Hola!

1 Vas a ir a Madrid........... con tu instituto, ¡qué bien! Mis tíos viven allí y el mes pasado **2** .... con ellos. Lo pasé bomba. Primero dimos una vuelta por el parque del Retiro. **3** .... visitamos el museo del Prado. Me gustaron mucho **4** .... de Velázquez porque me encanta el arte. Después **5** .... por la Gran Vía y la calle Fuencarral. Por la tarde comimos tapas en uno de los restaurantes **6** .... de la ciudad. Las tapas **7** .... El domingo por la mañana fuimos al Rastro. Fue muy divertido porque había de todo. **8** .... para mi padre y un llavero para mi madre. Luego, por la tarde **9** .... en el estadio Bernabéu. Fue fenomenal. ¿Cuándo vas a ir a Madrid? **10** .... ¿Ya tienes un itinerario?

Un fuerte abrazo, Mateo

---

2   Write a reply to Mateo. Use the information in the itinerary to tell him about your trip to Madrid. Use the future tense.

> **Itinerario** Viaje a Madrid
> **Día 25 de junio**
> 10.00   Visitar el museo del Prado (ver los cuadros de Velázquez).
> 13.30   Comer en una cafetería en el parque del Retiro.
> 16.00   Ir de paseo por el centro de la ciudad.
> 19.00   Comer tapas.
>
> **Día 26 de junio**
> 10.00   Visitar la churrería más antigua de Madrid para comer churros.
> 12.00   Tiempo libre para comprar regalos y recuerdos.
> 16.00   Coger el autobús turístico para ver los monumentos más importantes.
> 20.00   Ir al estadio Santiago Bernabéu para ver un partido.

....

....

....

....

¡GRAMÁTICA!

(pages 114–115)

1 Use the following adjectives to make comparisons between the pairs of nouns. Try to use *menos* at least twice. Remember to make the adjectives agree with the nouns.

> aburrido   activo   informativo   monótono   delicioso
> divertido   rápido   lento   sano   útil

1 el tren/el avión El avión es más rápido que el tren.

2 las películas de acción/los dibujos animados

3 la fruta/los caramelos

4 la tele/el ordenador

5 los museos/las tiendas

6 las ciencias/los idiomas

2 On a separate piece of paper, write out the following sentences in full using the words in the brackets to make superlative phrases. Remember to make the adjectives agree with the nouns.

1 El Prado es **(museo, famoso)** Madrid. El Prado es el museo más famoso de Madrid.

2 Rusia es **(país, grande)** mundo.

3 La Antártida es **(lugar, frío)** planeta.

4 El Amazonas es **(río, largo)** Sudamérica.

5 Las tapas son **(comida, rico)** España.

6 Los españoles son **(personas, simpático)** Europa.

3 Using the pictures as prompts, unscramble each phrase (the verb is in the infinitive) and then put the verb into the future tense using the person in brackets.

1 csraa ofost sacar fotos

(he) Sacará fotos.

2 gorec le batúosu

(you singular)

3 ri la deisota

(they)

4 rad anu aluvet

(I)

5 rromcap nu laeolvr

(you plural)

Record your levels for Module 5.

Listening	I have reached Level _____ in **Listening**.
Speaking	I have reached Level _____ in **Speaking**.
Reading	I have reached Level _____ in **Reading**.
Writing	I have reached Level _____ in **Writing**.

Look back through your workbook and note down the level you achieved in each skill by the end of each Module.

	Listening	Speaking	Reading	Writing
1 Somos así				
2 ¡Oriéntate!				
3 En forma				
4 Jóvenes en acción				
5 Una aventura en Madrid				

You now have a record of your progress in Spanish for the whole year.

¡PALABRAS!

Te presento a... Let me introduce you to...

Este / Esta es mi padre / madre.	This is my father / mother.
Estos / Estas son mis hermanos / hermanas.	These are my brothers / sisters.
Encantado/a. / ¡Mucho gusto!	Pleased to meet you!
¿Qué tal fue el viaje?	How was the journey?
¿Tienes hambre / sed / sueño?	Are you hungry / thirsty / sleepy?
(No) Tengo hambre / sed / sueño.	I am (not) hungry / thirsty / sleepy.

Quiero...	I want to...
¿Puedo...?	Can I...?
acostarme	go to bed
ducharme	have a shower
mandar un SMS	send a text
ver la tele (un ratito)	watch television (for a little while)
¿Quieres...?	Do you want to...?
beber / comer algo	drink / eat something
acostarte	go to bed
ducharte	have a shower

Una aventura en Madrid An adventure in Madrid

¿Qué vamos a hacer?	What are we going to do?
Vamos a hacer una caza del tesoro.	We are going to go on a treasure hunt.
Hay que...	You/We have to...
Tenemos que...	We have to...
buscar un perro	find a dog
coger el teleférico	take the cable car
comer churros	eat churros
comprar una postal	buy a postcard
dibujar (el león)	draw (the lion)
guardar la entrada	keep the ticket
ir a la churrería	go to the churros shop
ir al estadio Santiago Bernabéu	Santiago Bernabéu Stadium

ir al parque del Retiro	go to Retiro park
sacar fotos	take photos
ver un cuadro	see a painting
¡Lo vamos a pasar guay!	We are going to have a brilliant time!
Vamos a visitar / ver...	We are going to visit / see...
el parque más grande de la ciudad	the biggest park in the city
la tienda más famosa de Madrid	the most famous shop in Madrid
los museos más espectaculares	the most spectacular museums
las tiendas más antiguas	the oldest shops

En la tienda de recuerdos In the souvenir shop

¿Qué vas a comprar?	What are you going to buy?
Quiero (comprar) algo para mi madre / hermano.	I want (to buy) something for my mother / brother.
Voy a comprar...	I am going to buy...
un collar / un imán / un llavero	a necklace / a magnet / a key ring
una camiseta / una figurita / una taza	a T-shirt / a figurine / a cup
unos pendientes	earrings
unas castañuelas	castanets
el turrón	nougat
El imán es más barato que la taza.	The magnet is cheaper than the cup.

La camiseta es menos cara que el turrón.	The T-shirt is less expensive than the nougat.
Los pendientes son más bonitos que el collar.	The earrings are nicer than the necklace.
Las castañuelas son menos prácticas que el llavero.	The castanets are less practical than the key ring.
¿En qué puedo ayudarle?	How can I help you? (polite form)
¿Qué busca(n) usted(es)?	What are you looking for? (polite form)
¿Cuánto es?	How much is it / are they?
Son... euros.	It is / They are... euros.
Me lo / la / los / las llevo.	I'll take it / them.

¡Viva! 3 © Pearson Education Limited 2014

¿Qué visitarás mañana? What will you visit tomorrow?

Cogeré el teleférico.	I will take the cable car.	**Sacaré fotos.**	I will take photos.
Comeré pescado.	I will eat fish.	**Tomaré el sol.**	I will sunbathe.
Compraré recuerdos.	I will buy souvenirs.	**Visitaré el Museo (del Jamón / Prado).**	I will visit the (Ham / Prado) Museum.
Daré una vuelta (por el Rastro).	I will go for a walk (around the Rastro).	**Si...**	If...
Haré muchas cosas.	I will do lots of things.	**hace buen / mal tiempo**	it's good / bad weather
Iré al parque de atracciones.	I will go to the theme park.	**hace frío / sol / viento**	it's cold / sunny / windy
Iré a un restaurante.	I will go to a restaurant.	**llueve**	it's raining

Palabras muy frecuentes High-frequency words

primero	first	**si**	if
luego	then	**este/esta / estos/estas**	this / these
después	afterwards	**algo**	something
más tarde	later	**más**	more
finalmente	finally	**menos**	less
(o) tal vez	(or) perhaps	**para**	for
donde	where	**usted(es)**	you (pl) (polite form)

Level descriptors

Listening

Level 3	I can understand the main points of short spoken passages and note people's answers to questions.
Level 4	I can understand the main points of spoken passages and some of the detail.
Level 5	I can understand the main points and opinions in spoken passages about different topics. I can recognise if people are speaking about the future **OR** the past as well as the present.
Level 6	I can identify the main points and specific details in spoken passages about a variety of topics. I can recognise if people are speaking about the present, past or future.
Level 7	I can understand longer passages and recognise people's points of view. I can understand complex sentences and unfamiliar language.

Speaking

Level 3	I can ask questions and use short phrases to answer questions about myself.
Level 4	I can take part in conversations. I can express my opinions. I can use grammar to change phrases to say something new.
Level 5	I can give short talks, in which I express my opinions. I can take part in conversations giving information, opinions and reasons. I can speak about the future **OR** the past as well as the present.
Level 6	I can give a short talk and answer questions about it. I can take part in conversations and give longer, more detailed responses. I can apply the grammar I know when talking about new topics.
Level 7	I can answer unprepared questions. I can start and develop a conversation. I can take part in a conversation on more serious topics.

Level descriptors

Reading

Level 3	I can understand the main points and people's answers to questions in short written texts.
Level 4	I can understand the main points in short texts and some of the detail. Sometimes I can work out the meaning of new words.
Level 5	I can understand the main points and opinions in texts about different topics. I can recognise if the texts are about the future **OR** the past as well as the present.
Level 6	I can understand the differences between the present, past and future in a range of written texts. I can pick out the main points and specific details.
Level 7	I can understand longer texts and recognise people's points of view. I can understand complex sentences and unfamiliar language.

Writing

Level 3	I can answer questions about myself. I can write short phrases from memory. I can write short sentences with help.
Level 4	I can write short texts on familiar topics. I can use grammar to change phrases to write something new.
Level 5	I can write short texts on a range of familiar topics. I can write about the future **OR** the past as well as the present.
Level 6	I can write texts which give opinions and ask for information. I can write descriptions and use a variety of structures. I can apply the grammar I know when writing about new topics.
Level 7	I can write articles and stories. I can express opinions and points of view. I can write about real and imaginary subjects. I can link sentences and paragraphs and structure my ideas. I can adapt the language I know and redraft my work to improve it.

www.pearsonschools.co.uk
myorders@pearson.com

T 0845 630 33 33
F 0845 630 77 77

ISBN 978-1-4479-4730

9 781447 94730

Published by Pearson Education Limited, Edinburgh Gate, Harlow, Essex, CM20 2JE.

www.pearsonschoolsandfecolleges.co.uk

Text © Pearson Education Limited 2014
Managed and edited by Penny Fisher
Typeset by Tek-Art, West Sussex
Original illustrations © Pearson Education Limited 2014
Illustrated by Tek-Art, West Sussex
Cover illustrations by Miriam Sturdee

Cover design by Pearson Education Limited
Cover photo © Front: Fotolia.com: merc67; Pearson Education Ltd: Miguel
Domínguez Muñoz; Shutterstock.com: Nagel Photography, terekhov igor

First published 2014

17 16 15 14
10 9 8 7 6 5 4 3 2 1

British Library Cataloguing in Publication Data
A catalogue record for this book is available from the British Library

ISBN 978 1 447 94730 1

Printed in Malaysia by PJB-CTP

Acknowledgements

The publisher would like to thank the following organisations for permission to
reproduce copyright material:

www.nevasport.com p. 33

Every effort has been made to contact copyright holders of material reproduced in
this book. Any omissions will be rectified in subsequent printings if notice is given to
the publishers.

ROJO

¡VIVA!

Workbook 3

Libby Mitchell
Ana Kolkowska

ALWAYS LEARNING

PEARSON